高峰秀子の人生相談

高峰秀子

河出書房新社

高峰秀子の人生相談◉目次

夫婦——悩みのない夫婦こそ問題あり　9

親　子──老いても子に付かず離れず

兄　弟――「近くて遠い」のが兄弟　101

世間――とかくに人の世は住みにくい 147

コンプレックス——心のシコリがあなたです

高峰秀子の人生相談

装幀――友成 修
（データ作成：枠元治美）

夫婦——悩みのない夫婦こそ問題あり

1

嫁の親類や知人にまったく会おうとしない夫に、将来が不安

見合い結婚をして一年。彼はもともと男尊女卑志向で、それを承知で結婚したのですが、ただひとつ困ることがあります。私の親類、知人にいっさい会ってくれないのです。

「おまえは嫁にきたんだから、もう関係ないだろう」という発想なのです。いちばん近い親類だけには結婚当時、私の両親としぶしぶあいさつに行ったのですが以後、つきあいは「いっさいしたくない」のだそうです。

私には、昔お世話になった大切な恩師があり、「一度ご主人にお目にかかりたい」といいます。でも彼は、例によって「おまえの世話になった人に、どうしておれが会うんだ」です。

「主人は気むずかし屋で」と恩師の方に断ったら「なぜ、そんなに嫌うんだ」とご立腹で、顔も合わせられません。このままでは、先々不安です。なんとかならないでしょうか。

（大田区　S子）

●考え方のちがい。親類づきあいは必要なし

私の家では、夫婦ともども親類づきあいは、いっさいしておりません。お互いに必要があったり、両方が会いたいと思ったときに会えばいい、という考え方だからです。ですから、あなたのご主人の気持ちが、よおくわかります。ご主人は、男尊女卑志向でも、気むずかし屋なんかでもなく、そういうふうに物を考える男性なのだ、ということではありませんか。

それにしても、いやがるご主人を、なぜあなたは、それほどご自分の親類や知人たちに会わせたいのかしら？　私は、とても不思議でならないのです。

あなたは、ご主人ではないのでしょう？　ご主人も、あなたではないのですよ。ここのところを、よく考えて理解してあげないと、それこそなんともならないのです。

2

秘密でいかがわしい遊び場に通う夫が信じられない

五一歳の主人のことです。マージャンとかつきあい酒とかいって、ちょくちょく遅く帰ってきます。先日、なにげなく置いてあった定期入れの中に「〇〇ボックス」という会員証らしきものを見つけてしまいました。会の所在地は新宿で、六〇分もののビデオうんぬんと書いてあることから察し、私には隠しておきたい場所のようです。通った日付のハンコが押してあり、カードがいくつかたまると何の費用だかわかりませんがタダになるみたいです。

主人になにげなく聞いてみると、新宿なんて最近ぜんぜん行ってないよ、というのです。盗み見したのは悪いかもしれませんが、会員証のことを持ちだして大げんかをしてでも問いつめるか、ほっておくか悩んでおります。

大学一年の長男と高二の長女がいます。主人を信じるべきでしょうか。

（小金井市　主婦　四二歳）

●こんなツマラナイことで悩むなんて愚の骨頂

かりに「会員証のことを持ちだして」ご主人と大げんかする、としましょうか？　それでもし、ご主人があなたに謝ったとしたら、あなたとしては一件落着でスッキリし、以後はご主人を「信じられる」とでもおっしゃるのですか？　それこそ、あべこべに「人の定期入れの中まで盗み見るやつは信用できない」という言葉が返ってくるでしょう。

家庭をぶちこわすほどのことでもしたのなら別ですが、「ちょくちょく遅く帰ってくる」のはお宅のご主人だけではないでしょう。

でも、そんなに気になるのなら、さっさとその会がどんな会なのかを、ご自分で調べてみたらいかがでしょう？

とにかくそんなツマラナイことで「悩む」なんて愚の骨頂、大学生のご長男にだって笑い飛ばされるに決まっています。

3

なんとなく性生活もなくなり、夫婦の会話もなく、心も離れて……

結婚一四年、パート勤務の主婦です。中学一年の息子が一人居ます。

私たち夫婦には、この八年間、性生活がありません。思い当たる原因はとくになく、なんとなくそうなったのです。私はセックスだけが結婚生活ではないと思うようにして今日まできましたが、夫婦の会話もだんだんなくなり、完全に心も離れてしまいました。

息子にはとてもいい父親で、私は子供のためにも我慢してきましたが、不自然な生活で精神的にもたいへん参ってきて、いまでは、離婚を真剣に考えています。

しかし、息子が反対なのと、経済的な理由からなかなか踏み切れません。夫は自分はこのままでかまわないが、離婚したければそうしてもよいといいます。

夫は会社からもまっすぐ帰ってくるし、とくに女性がいるようにも見えません。

（所沢市　N子　三七歳）

●会話と性生活は関係なし。ようすをみるべき

たいへんむずかしい問題で、お答えに困ります。無責任にいわせてもらえば、世の中にはセックスに淡泊な人間も大勢いますから、たまたまあなたがたご夫婦がそろって淡泊だった、ということではないのでしょうか？

私のような古い人間から見ると、世間はあまりにもセックスを騒ぎすぎると思うのです。私も心底、セックスだけが結婚生活だなんて思っていませんし、セックスにしがみついている結婚生活なんて、ナンセンスだとも思います。

ご主人のほうも不満がなく「このままでいい」というのなら、あなたも気持ちをいれかえて、つとめて明るい奥さんになって、ようすをみたらいかがでしょう？

夫婦の会話とセックスは関係ない、と私は思うのですけれど。

4

反対を押し切って出産した子供はダウン症で絶望のふちに

四六歳の主婦。結婚一八年目です。悩みは、四人目の末っ子（男・三歳半）が生まれた三年半前から、夫との間に会話がほとんどないことです。

私は人工中絶に反対で、末っ子を妊娠したとき、中絶を主張する夫と対立し、押し切って産みました。ところが生まれた子供はダウン症でした。夫も私も、深い絶望のふちに突き落とされました。夫は、以来すっかりふさぎ込み、「おまえが勝手なことをするなら、おれだって自分の思いどおりにする」といったきり、私と口をききません。

外泊が多くなり、たまの日曜日、家にいても団らんの時を持とうとしません。もちろん夫婦間のセックスもありません。私の知らないカギなど持っていて、女がいるのかもしれません。

いまさら離婚もならず、むしろ夫と再度きずなを持ちたいのですが。

（立川市　N代）

●出産以前に問題が。離婚覚悟で話し合いを

妊娠したとき、ご主人が「どんな理由」で人工中絶をすすめたのか、そのときのご夫婦の会話に、この問題のカギがあるように、私には思えます。ダウン症のお子さんの出生には関係なく、それ以前にすでにご主人の心はあなたから離れていたのではないでしょうか？

私なら「三人の子育てにかまけて、つい主人をおろそかにしていた覚えはないか？」「自分が夫にとって〝魅力のある妻〟でいる努力をつい忘れていたのではないか？」「夫が変わる前に、自分自身が変わっていたのではないか？」まず、それをじっくりと考えてから、夫婦で真剣に話し合ってみる、という方法をとるでしょう。

「いまさら離婚もならず」とおっしゃいますが、ご主人にも非はあります。脅かしではなく離婚を覚悟する気持ちで、ご主人にぶつかってみることです。ただし、ダウン症という病気をお二人とも承知のうえという前提で。

5　マザコンで自己中心的、尊敬もできない夫と離婚したいが……

愛情もなく、尊敬もできない夫との生活を今後どうするか、悩んでいます。

夫は一流大学を出て、会社でも役職にありながら、世間的な常識に欠け、あいさつ状一つ満足に書けない人で、私はこの二八年間、ずいぶんと肩身の狭い思いをしました。他人への不義理も平気、そのたびに私が代筆し、電話をかけ、なんとかとりつくろってきました。

なにかにつけ自己中心的で、この年（五六歳）になってもマザーコンプレックスが強く、姑のことを少し批判しただけでカッとなり、テーブルをひっくりかえすという幼児性が抜けません。

私は彼との暮らしに疲れました。経済力があれば離婚したいと思うほどです。つくづく、いやになりました。体が弱く、スポーツにも興味が持てません。夫から解放されたら、健康になるような気がしますが。


（台東区　主婦　五二歳）

●価値観のちがい。ご主人の不義理には関知しないで

ご主人は、世間的な常識をとりつくろうあなたを逆に疎ましく感じているのではないでしょうか？　ご主人はあいさつ状一つ書けないのでなくて、書きたくなくて書かないのではありませんか？

私もまた世間的な義理はあえて欠くほうで、たとえば年賀状は書かず、冠婚葬祭をはじめ、パーティーと名のつく場所にはほとんど出席しない主義です。あなたから見れば、非常識な困ったやつということになるのでしょうね。

つまり、ご主人とあなたには「生き方」の好みのちがいがあるのでしょう。そこで提案。あなたは今後、ご主人の方の不義理にはいっさい関知せず、あなたの方の義理だけを果たすことにしたらどうでしょう？　ずっと気が楽になるでしょうし、案外、新しい生活が開けるかもしれません。さっそく試してみてください。

6

他人には気前がよく浪費家だが、家族にはケチな夫をナントカしたい

結婚して一〇年。夫は、浪費家で美食家で、そのくせ家族には何ひとつごちそうしません。一緒に出かければ、すべて私にお金を出させ、自分が立て替えた分は、たとえ少しでも私に請求するケチな夫です。

ところが、いったん友人の前に出ると、必要がないのに他人の分まで払い、お金がなければ私から無理に出させてもごちそうします。友人の奥さんや子供の分までもです。

結婚当初から、他人には気前のよいところがありましたが、最近とくに目立ちます。「たまには家族にもおごって」といっても知らん顔です。

育ちざかりの子供を三人抱え、教育にもお金がかかるのに、年中、外で浪費している夫を、つくづくイヤな性格だと思うようになりました。彼の気持ちを、少しでも家族に向けさせるには、どうすればよいでしょうか。

（千葉市　K子　主婦　三〇歳）

●浪費癖が治るも治らないも妻の才覚

ほとんどの日本男子が持っている「エエカッコシイ」の性格は、ぐっとさかのぼればチョンマゲ時代の尾てい骨とでもいうべき宿命だと思います。

この傾向はとくに結婚してからの男性に顕著なようで、家庭という歯止めに安心するせいか、ヘンに気が大きくなるようです。「女房に甘えているのさ」と謝られれば、妻たるものは悪い気持ちはしないまでも、内心たまったもんじゃありませんよね。

少しはアメリカ人のワリカン合理主義でも見習ってくれたら……と思いますが、まず現在のところ、日本亭主の浪費癖は根深い魚の目のようなもので、根治はむずかしいでしょう。

ゴクラクトンボのご主人が、ある日ハッと気がついて悔い改める、かどうかは、ひとえにあなたの才覚による、と思います。

7 夫の人妻との浮気を内密に処理したいが……

四八歳の主婦です。昨年六月ごろから、主人が月二、三回外泊するようになりました。九月初め問いつめたところ、ある女性と深い関係になっていることがわかりました。

しかもその女性は私も面識があり、ご主人は商社にお勤めで、現在、海外に駐在されています。

この関係がわかったとき主人と話し合い、主人も「悪かった」といってくれました。ところがその後もなんとなく不自然な行為が目につき、二人の関係は続いているようです。ただこれは私の感じだけで、具体的な証拠はありません。

相手の女性にも私どもにも二人の子供がいます。このままでは、破局は目に見えています。私としては内密に処理したいと思っていますが、だれかしかるべき人に中に入ってもらうべきだとも考えます。よい知恵をお授け下さい。

（浦和市　S子）

●他人は入れず、ようすをみながら二人だけの話し合いを

内密に処理したい、ということは、ご主人と相手の女性の仲を処理したいことなのか、それともあなたとご主人との離婚の処理のことなのか、よくわかりませんが、問題はあくまでも、あなたとご主人の二人のことなのですから、むやみと他人を中に入れるのはどうかと思います。

とにかく、あなたのご主人の相手の女性のご主人（ああ、ややこしい）が海外から戻ってくるまでようすをみたらどうでしょう。

そのうえでもう一度、ご主人と話し合って、あなたの進退を決めるべきだと思います。「具体的な証拠はありません」と、あなたもいっているのですから、ご主人を追いつめず、あなたもせっかちな処置はひかえて、静観してください。

8

夫婦円満だが、子宝に縁なく寂しい毎日

結婚して七年になりますのに、いまだに子宝に恵まれません。結婚したからには、人並みに子供を産んで夫婦で協力して育て上げていくのが、自然の姿だと思うのです。まわりには、子供ができすぎて困っているご夫婦もあるのに、私たちだけが報われません。

さいわい主人はまじめで優しく、おかげで夫婦仲は円満です。

自分では、いろいろの趣味で気分をまぎらわせているつもりです。そんなに思いつめていると、いいことはない、と主人はいいます。友だちには、いくら話しても子のない寂しさをわかってはもらえません。かえって孤独感にさいなまれます。

ある人が、子供があっても、それぞれ親離れしていって結局、夫婦二人に戻るんだから、と慰めてくれました。私の望みは、ぜいたくでしょうか。考え方を教えてください。

（田無市　主婦　三八歳）

●人間は孤独。子供がいない夫婦生活もなかなかオツなもの

子供がないのは私たちだけ、とあなたはおっしゃいますが、わが家も子なしです。いた子供がいなくなれば寂しいかもしれませんが、はじめからいなければ寂しくもないし、人間は結局、孤独なものと私は割り切ってます。

たとえ子供があっても、成長して親離れをすれば、いずれは夫婦二人、というお友だちの言葉は慰めではなく「真実の声」でしょうね。まず、ご主人と二人そろって医師に相談してみて、子供を得る可能性がなければ、養子をもらったらいかがですか？　子供がないから養子をもらったら、すぐに子供ができちゃった、なんて話をよく聞きます。

でも、どうしてそんなに子供にこだわるのかなぁ。あなたの言葉によると「人並みでない」子なしの夫婦生活も捨てたものではない、どころかなかなかけっこうなものだ、と私は思っているのですが。

9

財産目当ての嫁といわれ、さらに生命保険の受取人にされて悔しい

主人も私も再婚です。前妻の子が一人います。主人は「心優しい人」といわれています。この春、主人側の親類から、財産目当ての嫁のようにいわれ、今後、財産めいたものには一切、私の名を使わないよう頼み、約束しました。

ところが、その後、主人の保険の死亡受取人が私の名義になっているのを知りました。本来なら喜ぶべきことで、主人も悪いことをしたとは思っていないといいます。しかし、約束もあり、悔しくてなりません。よいことにせよ、原因をつくった主人から「ごめん」の一言があれば仲よくできると思うのですが、主人はその気はないといいます。とうとう別れ話にまでなって、暗い気持ちで過ごしています。

主人の一言さえあれば思い直すことができるのですが、なにかよい方法はないものでしょうか。

（新宿区　H子　四〇歳）

●あなたの心はメチャクチャ。もっとご主人を大切に

保険金の受取人をあなたの名前にした、というご主人の思いやりに感謝するどころか、悔しいの、謝らせるの、別れるの、というあなたの気持ちは、まったく、メチャクチャで話になりません。他人の私からみても、かなり素直でない奥さんで、ご主人こそ災難というところです。

将来、保険金が下りたとき、それを受け取るのがどうしても不本意ならば、それはその時のことで、あなたの裁量ひとつでどうにでもなることでしょう。

親類の言葉などにカッカとせずに、優しいご主人の優しい奥さんでいてほしいと思います。

10 夫が人妻と浮気。「ばらしたら慰謝料を取る」と相手に脅されて

五六歳になる主人のことです。小さな店をやっていますが、五年ほど前から従業員の一人で、四三歳になる人妻と不貞な関係を続けています。子供が二人いますが、何度も離婚を考え、主人とも取っ組み合いのけんかもしました。

この春、退職はさせましたが、いやがらせの電話がかかってきます。夜が遅いという理由で主人はアパートを借りていますが、この部屋へも来ているようです。

この女性の夫は、不貞の事実を知らないようですが、私が一度、この女性に電話をしたところ、「もし私の主人にばらしたら、社長が悪いのだから、主人と二人で慰謝料を取ってやる」といわれました。

浮気というものは男性が悪く、絶対に慰謝料を払わなければならないのでしょうか。私たちはお金に困っています。

（横浜市　主婦　四七歳）

●離婚したいなら、子供の将来を考えて慎重に

慰謝料については、事情がよくわからないので、お答えができません。

「別れる」というあなたの覚悟が決まったら、法律家に相談すること。こういうことはしかるべき弁護士を中に入れて解決するほうが、あとくされもなく、そして安全だと思います。

その前に、ご主人にその女性のことばを正確に伝えて、二人でとことん話し合うことですね。

さて、離婚を実行に移すとして、あなたの自活の道はあるのでしょうか?

二人の子供さんの将来のこともよく考えて、慎重に行動してください。

四七歳のあなたには、まだ四〇年の人生が残されているのです。それをどうぞお大事に。

11　サラ金通いまでしてギャンブルに燃える主人と別居したが……

結婚一二年。主人は根っからのかけごと好き。最初は自分の小遣いでパチンコか競馬に行くくらいでしたが、その後ついにサラ金に手を出しました。

マンションを買って残り少なくなっていた貯金から、今度は二度とやらないと約束させて、サラ金は返済しました。でも、半年もたたぬうちに二度目のサラ金借金をし、私は主人への信頼をまったく失いました。話し合いの末、彼は自分で借金を返し、立ち直って来る、と約束してマンションから出てアパート暮らしを始めました。別居から一年。マンションのローン分は月々送ってきます。

借りては返し、またギャンブルに負ける。「立ち直るのはあなた自身よ」「わかってる」の繰り返し。それでもかけごとの誘惑は強いようです。もうこの人は立ち直れない、とあきらめるべきでしょうか。

（千代田区　T子　事務員　三五歳）

●マンションを守れ——夫婦でギャンブルを楽しむのも手

まず第一に用心しなければならないこと、それはいまのマンションを借金の抵当に入れられないことです。それこそ元も子もなくなるのですから、しっかりと守ってください。

ところで、あなたはギャンブルが嫌いですか？　亭主の好きなんとやらで、いっそあなたもご主人と一緒にギャンブルをやってみたらどうでしょう。パチンコも競馬も、「楽しみ」くらいですめばなかなかおもしろいものです。お二人で、今月はこれだけのお金をギャンブルに、と決めて共通の遊びにするのです。

ご主人のギャンブル狂いがそんなことで立ち直るとは思いませんが、私はなんらかの道が開けるように思います。

でも、別居してアパート住まいするご主人の気持ちが理解できません。かけごとにのめり込んだ原因は、もしかしたら妻のあなたにあるのでは？　考えてみてください。

12 女、出世、お金を第一に考える夫と、ののしり合う毎日

夫は、学校の教師です。なのに、これまで同じ学校の女の先生、PTAの奥様を追いかけたことがあります。以前の騒ぎがしばらくおさまっている、と思っていましたら突然、今まで私に袋ごと渡していた給料から「貯金しなければ」と、一〇万円を差し引き始めました。この前のボーナスのときも、一〇日ほど自分の机の中に入れ、私がなにかの用で開けるまで、くれようとしませんでした。

変化したことは、洋服を何枚も買ってくることです。子供が受験の最中で、騒ぎたくないと思いますが、これまでがこれまでですから私は非常に神経質になっています。今度は商売の女性のところへでも走ったら、と心配です。

女、出世、お金を第一に考える夫と、いつまでもののしり合っていてはどうにもならない、と相談のお手紙を書きました。

（千葉市　C子　四三歳）

●すべてが「女」につながるとはかぎらない。冷静に話し合いを

ご夫婦の間で「騒いだり、ののしり合ったり」とありますが、お宅では夫婦だけの落ち着いた会話の時間を持つことはないのですか？　たとえば、ご主人が「貯金した」というのなら、貯金通帳を見せてもらったらいいと思うのです。洋服を買ったら、その理由を聞いたらいいと思います。男性でも、ある日突然おしゃれに目覚めることもあるでしょうし、すべてが即「女」につながるとはかぎらないでしょう。

夫婦といっても、しょせんは他人の寄り合い、何年ひとつ屋根の下にいても、口に出していわなければわからないことも、たくさんあります。長年の夫婦だから、とつい惰性に流されて会話が少なくなるのは危険です。

あなたは神経質になっておられるようですが、どうぞ冷静に落ち着いて、ご主人と話し合ってみてください。

13
医者の注意も無視するヘビースモーカーの夫の咳に身の縮む思い

五二歳になる主人の、たばこと咳《せき》に身の縮む思いをしています。

一日三〇本。五年ほど前から咳ばらいを始め、二年前からは咳こむようになり、最近では出勤前など、吐くのではないかと思うほどの咳をしています。

肺がんになったらどうします、と脅して人間ドックに入ってもらいました。のどの軽い病気と糖尿の気があるとのことで、酒とたばこを禁止されました。しかし、禁酒禁煙をするなら死んだほうがましだ、といって改めるどころか、病院嫌いで治療もしません。

一〇年、二〇年先のことを考えて、たばこだけでもやめるよう頼んでも、血統だから仕方がないというだけです。主人の父は八〇歳でやはり咳で苦しみ、通院しています。

とくに夜中の咳には、悩まされます。よい方法はないものでしょうか?

（新潟市　主婦　四五歳）

●禁煙は本人の意志次第。気分を楽に

私はたばこを吸い始めてから四〇年になります。それも相当なヘビースモーカーで、一日五〇本ほどを煙にしています。最近でこそ少し軽めのたばこに切り替えましたが、スッパリとやめようとは思いませんし、やめてまで長生きしたって……という心境は、どうやらご主人と同じようです。つまり、たばこというものは、はたがやめさせようとしても、本人がその気にならなければどうにもならないと思います。

ご主人の父君は現在八〇歳で、たばこ吸いの現役とか。血統からいけば、ご主人も八〇歳までは大丈夫、と自信があるのかもしれません。

夜中の咳に悩まされるのが苦痛でしたら、耳にせんをするとか、別室で寝るなどの工夫をしてください。要はもう少し気分をお楽に。

14 夫の浮気。見て見ぬフリをしているが、あまりにつらい

主人三二歳、私三一歳。五歳と三歳の男の子がいます。

一年ほど前から、主人が同じ会社の二〇歳になる女性と深い関係になっていたことがわかりました。見て見ぬフリをして、子供のためにも、自分のためにもがんばって、明るく自分にいい聞かせるのですが、うまくいきません。

夜、その女性の名前を呼ぶことがあり、あまりつらいので今は私は子供と一緒に寝ています。

ここ四ヵ月ほど夫婦の交渉も拒否しています。拒否することが、かえってよくない状態をつくるのでしょうか？　このごろは主人からだんだん心が離れていくような気がします。こんな気持ちを知ってか、主人も最近は触りもしません。いつまでも暗い日々を送っているわけにもいきません。スカッとさわやかに、明るく暮らしたいのです。


（富山市　K子　主婦）

●はっきり話し合うべき。しばらく別居するのも手

ご主人はズルイ人ですね。

あなたがご主人にほれていて、踏まれても、けられても一緒にいたいというなら別ですが、苦しくてもスカッと明るい生活を本当に望むのでしたら、ご主人に「私と別れたいのか」と、はっきり聞くべきです。別れたいといわれたら覚悟をきめて、子供の処置、生計の道などをよく考えて準備したうえで別れることです。

もし、「別れたくない」といわれたら、納得のいくまで話し合ってきちんと解決してもらうこと、一ヵ月ほど別居してみるのもいいかもしれません。

あなたはまだ若いのです。ご自分の幸せを考えてください。

15
夫の愛情が形式的に感じられる。もっと温かみがほしい

二八歳の主婦です。三歳と二歳の子供がいます。夫は一二歳年上で、夫は再婚、私は初婚という関係です。

最近、三人目の子を中絶しました。私の不満は、夫の愛情がなんだかとても形式的に思えるところにあります。性的に不満はありませんし、適度の家庭サービスもしてくれます。しかし、きわめて義務的な感じがあって「私は家具と同じ？」といったことがあります。

夫は「どうしたらいいのだ」というだけです。また、夫は私が外で友だちなどに会うのを好みません。先妻に外で恋人ができ、それが離婚の原因になったらしく、私の外出を好まない理由もこのへんにあるらしいのです。

もう少し夫の温かみがほしいと思うのですが、私のわがままなのか、別の考え方があるのか、教えて下さい。

（保谷市　H子）

●対話が足りないのでは。どうしてほしいかはっきりいうべき

あなたの不満は、ご主人への不満というより、自分自身の人生への不満ではないのですか？　二八歳という若さの悩みといえるかもしれません。

ご主人が、結婚前からあなたのいう「温かみ」のない人だったのか、結婚してからそうなったのか、私にはわからないのですが、ご主人が「どうしたらいいんだ」といっているのなら、どうしてほしいのか、をはっきりいうべきでしょう。日本の男性は恥ずかしがりやで、とくに愛情の表現が下手なのですから。

ご主人はあなたの外出を好まないとありますが、それは前妻の事件が原因ではないと思います。そういうことも一人でせんさくせずに、ざっくばらんに聞いたほうがスッキリするのではないでしょうか。とにかく、お宅に足りないのは、いちばん大切な「夫婦の対話」のように思えます。

親子——老いても子に付かず離れず

16　次男はかわいいが、融通の利かない長男が憎くて仕方ない

私には高一と中一の息子があります。同じ子供なのに、長男が憎くて仕方がありません。

次男は、手を抜いて育てても医者知らずの健康体。おおらかで優しく、身長一七三センチの堂々とした体格です。長男は小柄な私に似て一六二センチの細め。神経過敏で融通の利かない子です。

彼は私を「弟ばかりかわいがってオレを無視するババア」と口汚くののしり、私は「あんたさえどこかへ行ってくれたら、どんなにせいせいするか」とやってしまい、主人は「なぜ公平に扱わない」と怒ります。

このまま彼の気持ちが離れてしまっても、悪いことさえしなければ平気、という残酷な気持ちと、もっと接点を持って、なごやかな母子関係に戻りたいという気持ちが入り交じって複雑です。この感情を、どうすれば解決できるでしょうか。

（浜松市　主婦　四三歳）

●勝手な母親。自分の短所を見せられてイライラするのかも

わが子は三人いても五人いても、平等にかわいいということはないそうで、兄弟の中でも虫の好く子供と好かない子供があるそうですね。ことに母親にとっては、自分に似た子供が特別にかわいいとか、逆に憎いとかいう感情があるようです。

あなたの場合「小柄な私に似ている」ご長男は、なにかにつけてあなた自身の短所をそのまま見せつけられる思いで、イライラするのかもしれませんね。ちがいますか？

親兄弟でも、いっていいことと悪いことがありますが、「あんたさえどこかへ行けば……」などという言葉は、大人と子供の中間にあって、まだ柔らかいご長男の心を徹底的に傷つける、あまりにもひどい言葉だと思います。

あなたの正直さは、感動的であるけれど、でも、四三歳にもなって人の傷みもわからない自分勝手なお母さんでは、やはり困ります。反省してください。

17
もう一人子供はほしいが、子育てよりも自分の趣味を優先したい

現在、三歳になる長男が一人いる母親です。もう一人産もうか悩んでおります。ひとりっ子は、かわいそうだとか、欠点が多いとか、まわりからいわれます。が、私は子育てのみに目が向けられません。自分の趣味を深めたいし、仕事もしたいのです。子供にかかわる時間をいま以上に増やしたくないのです。もちろんこの先、長男にかかわる時間は短くなると思いますが。

目下、近所の子供たちとの触れ合いを持てるよう、子育てのうえで注意していますけれど、息子のことを思いやれば、信念がぐらついてきます。主人は、無理ならば一人でよい、といっています。サラリーマンで、平日はほとんど母子家庭が現状です。ひとりっ子は、かわいそうでしょうか？　ひとりっ子を生かす子育てがあったら、お聞かせください。

（小田原市　主婦　三四歳）

●趣味も子供も……欲張りです。まず、気持ちを固めて

私はひとりっ子です。それももらわれっ子、養女で、父親もなく、養母と二人で生活してきました。でも、私はひとりっ子を寂しいとか、かわいそうとか思ったことは一度もありません。ちいさいころから、養女であろうとなかろうと、兄妹があろうとなかろうと、人間はしょせん一人っきり、ということをチャンと自覚していましたから。

あなたは欲張り屋さんですね。仕事もしたい、趣味も持ちたい、子供も産もうか。そういう、気もそぞろのお母さんに育てられる子供さんたちは、それこそ欠点の多いかわいそうな子になるでしょう。

とにかく、子供を産むのはあなた自身なのですから、まわりの言葉などにまどわされずに、まずご自分の決心をしっかりと固めることです。

それにしても、なんて理解のあるご主人でしょう。あなたがいちばん初めにしなくてはならないことは、ご主人を大切にすること、のようですね。

18

娘のノートを盗み見たら、恋人との肉体関係が書いてある。どうしよう？

大学三年、二一歳の娘のことで、ご相談します。

娘の部屋で悪いと思いながら、大学ノートを見てしまいました。アルバイト先の会社の社員である彼のことが書いてあり、二ヵ月ほど前に初めて肉体関係を持った、とありました。その後も続いているようすです。

娘からは彼の名前や年齢（二四歳）、娘の大学の先輩、たまにデートしていることを聞きましたが、そこまで進んでしまったとは気づきませんでした。

いまから考えると、仲よしの女友だちの家に泊まりにいくことが時々あったのです。信用しすぎていました。ノートのことをいって、きつくしかろうと衝動にかられます。相手に会って考えを聞きたくもあります。

これまで順調に育ってきた娘が、と思うと大変つらく、また、もう大人なのだから、娘の判断にまかせなければ、とも迷います。

（保谷市　母親　四七歳）

●盗み見は最悪。静かに見守って

娘さんは、年なりに順調に育っている、と私は思います。順調に育っていないのは、お母さんのほうで、「悪いと思いながら娘さんのノートを見てしまった」なんて断然いけない。そして、あなたの悩みはノートを盗み見た日から始まった。つまりバチが当たっちゃったわけです。

私も少女のころ、書き損じの手紙を捨てたくずかごの中までかき回す母親に抵抗を感じて、未婚の母にでもなって母親の腰を抜かしてやろうか、とまで考えつめたことがありました。

娘さんをきつくしかれば、どうにかなります？　相手に考えを聞いてどうします？　あなたのうっぷんはそれで晴れても、娘さんのうっぷんはたぶん晴れず、「お母さんを信用しすぎた」と、今度は娘さんがいう番でしょう。

娘さんはもう大人です。娘さんのほうから何かいいだすまで、お母さんは静かに見守っていてあげてください。

19 弱視のハンデを背負っている長男を早く結婚させたいが……

三二歳の長男がまだ独身でいます。彼は弱視（六級の障害者手帳をやっともらえた程度）のハンデを背負っています。大学を卒業して家業の事務用品小売りを父親とやるかたわら、免許を取って夜間は近くのサウナでマッサージの仕事もしています。

数年前、女性に振られてから結婚をあきらめたようです。といって、二人の子の父親になった次男が仲よく一家で訪ねて来ると、親としてつらい思いをします。だんだん体力が衰えていく私は焦ります。

長男は「親と同居もしない。経済的にも不自由はない」と自負してみせます。ですが、母親の私があちこち探したとしても、当人が結婚に消極的なのでは話になりません。

加えて、商家の長男にはお嫁さんが来ない、といわれてショックです。どうすべきでしょうか？

（中央区　商店主婦　五七歳）

●結婚せずとも立派な長男。当人が納得のいく時期に

「親と同居もしない。経済的にも不自由はない」。ご長男は、精神的にも経済的にも立派に自立しているじゃありませんか。私は、偉いと思います。ご長男のこの一言で、親御さんとしては十分満足のはずなのに、と私は不思議な気がします。

次男一家が来ようが、そんなことは、ご長男には関係ないことでしょう。神経質に親御さんが気をもむことはありません。結婚も、早すぎる、遅すぎる、ということはないのですから、ご当人が納得のいく人と、納得のいくときに結婚すればいいことです。

ハンデを背負っている息子さんだからこそ、うるさく世話を焼くことを控えて、もっとおおらかに、静かに息子さんを見守ってあげてください。息子さんは、しっかりとしています。お母さんもしっかりとして、聡明なお母さんでいてください。

20 養護学校の先生にあこがれる娘に、もっと「報われる仕事」を選ばせたい

大学卒業の娘は、もともと身内に学校勤めが多いこともあって、ちいさいころから先生志望一本でした。ところが昨年、児童の減少で先生の採用率は空前の厳しさになり、不合格でした。

わが家の家計では就職浪人などとても無理で、急きょ三つの会社を受けたら、全部合格しました。その後、娘が信頼している大学の恩師から、私立養護学校のお話があり、本人は即座に飛びついて、三つの会社はすべて棄権しました。

しかし、親兄弟にこの話をすると、おめでとうより「よく考えたほうが。とても大変らしいから」と警告されました。仕事の意義の大きさは別として、非常に報われることのない職場だというのです。大変とわかりきっている所へ、大事な娘を行かせなくとも……とまわりのシュプレヒコールに、財もコネもない親は、どうすればよいでしょうか。

（市川市　H子　五一歳）

＊養護学校は、現在の特別支援学校。

●充実した生き方を選ぶ娘さんの意志を尊重

養護学校の先生という仕事がどんなに大変なものか、ということくらいは大学の先生からお話があったときに、あなたも娘さんも十分に承知だったはずだと思います。まわりの人に反対されたからといって、いまさらうろたえるなんてヘンですね。

たとえば「報われる」という定義は、あなたにとってどういうことなのでしょう？　お金持ちになること？　有名になること？　三国一の男性の奥さまになること？　そんなことよりも私は「自分がだれかの役に立つこと」「だれかに必要な人間になること」のほうが充実した生き方だと思います。いまの娘さんの心境もたぶん私の考え方と同じではありませんか。

とにかく、養護学校の先生になるのは、あなたではなくて娘さんなのです。大事な娘さんだからこそ、一にも二にも娘さんの意志を尊重してあげてくださいね。

21 子供たちにたらい回しされ、身の振り方に悩む老女

八〇歳。主人は、あの戦争中に病死。娘四人、息子二人を、私は朝五時から夜九時までの会社勤めで働いて、どうやら六人とも片づけました。いま、孫一三人、ひ孫一二人。おかげさまで元気なので、七七歳まで働きました。一四年前、長男が家を新築して、私の部屋も作ってくれ、やれやれこれで死ぬまで楽ができる、長年働いたかいがあった、と安心していました。

ところが去年、長男の嫁の強い申し出で、次男の家へ不本意ながら移り、そこは狭い団地住まいなので、相談の結果、四女の家に近い一軒家で暮らすようになりました。週末には長男が来て「妻子の教育が悪くて、母さん実にすまない」といってはくれます。でも、八〇歳にもなると話し相手がなければ不安で寂しくて仕方がありません。老女の身の振り方を教えてください。

（横浜市　M美）

●「楽できる」が誤算。子供の世話になるときこそじっとガマン

　ズバリいわせてもらえば、一四年前に「やれやれ、これで死ぬまで楽ができる」と安心なさったのが、大きな誤算でした。年を取ってから人の世話になるときこそ遠慮、配慮、深慮、じっとガマンの人でなければ、と私は思うのです。

　長男のお嫁さんの「強い申し出」にどんな理由があったのか知りませんが、あなたが真実「だれにでも好かれるいいお母さん」でいたなら、そういう問題は起きなかったのでは、と思えます。

「妻子の教育が悪くて」という長男は、だからといって妻子と別れるわけでなし、次男は、あなたのために大きい家に越すわけでなし、四女もあなたと住む気はないようです。

　つまり子供さんたちは自分たちの生活以外の余裕はないのでしょう。子供さんを当てにせず、気の合った知人とでも、いまの家で一緒に暮らせないものでしょうか？

22 懸命に育てた息子が、やがて自分の手を離れていくむなしさに……

一人息子が、二浪してこの春ついに早稲田に入りました。長い、針のムシロを踏むような二年間でした。喜びもそれだけ大きく、久しぶりに親子三人が互いの心づかいと健闘を感謝し合い、人間味を取り戻しました。でも、このごろ少し変なのです。息子は思いなしか私を避けるようになりました。夫は、働き盛りで相談に乗ってくれません。昼間ひとりぼっちの私は、ぼんやりと沈みがちになりました。

あの子をここまで育て上げるため、わが家は家計費を切りつめ、一流の幼稚園、中学、高校と進学させました。激励して塾へも通わせました。母親の期待に、彼はみごとにこたえてくれたのに。

息子はやがて別の世界へ飛んでいく――このむなしい気持ちと虚脱感を、どう解決すべきでしょうか。

（中央区　A子　四三歳）

●寂しいのはあなただけの問題。今こそ自分の時間を有効に

子供が成長すれば、いつかは親の巣から飛び立っていくのが当然のことでしょう。そういうあなただって親ごさんを離れて結婚したではありませんか。

あなたは、息子さんを育てる努力をした、といいますけれど、息子さんは早稲田に入ったことで十分にお母さんの努力に報いたわけです。つまり一件落着、ことは終わりを告げたのです。あとは「しっかりやんなさいね」と、息子さんの後ろから声をかけて送り出してあげるのみです。

寂しいとか、むなしいとかは、あなただけの問題です。息子さんに関係ありません。あなたは四三歳。まだまだ若い。

これからは、気に入った趣味をみつけるなり、ボランティアに参加してみるなり、こんどこそ自分の時間を有効に使うことができるではありませんか。

23 七年前に家出した息子のために預金通帳に入金しているが……

私どもの一人息子は今年三三歳になるはずです。七年前のサクラの盛りに、会社へ出社せずカードで自分の預金を半額の二〇万円引き出して家出しました。

お金が無くなれば帰ってくると思っていたのに、そうでもないことがわかってからは、当座の費用を二〇万円とか一〇万円などの単位で入金し続けてやっています。それを本人は京都、岐阜、名古屋などで引き出して生活してきたようです。

家出後二年ほどまでは、二、三度、当人からと思われる無言の電話がかかってきました。主人と手分けして彼が預金を引き出しそうな日、銀行の協力で七回ほど待ち伏せしてみましたが、現れずじまいです。

勤めはコンピューター会社でした。大きな失敗もなく原因がわかりません。姉二人は結婚。私の主人は税理士（七二歳）。途方に暮れております。

（練馬区　母親　六五歳）

●仕送り不要。親を捨てた息子追うのはバカ親

家出の理由もいわないでポンと飛び出したあげく親の仕送りを当てにする甘ったれの息子さんも息子さんなら、そんな息子をいまだに追いかけ続けるバカ親（親バカではありません）もいいところで、第三者の私からみるとどうにも気がしれません。

たったひとつわかっていることは、息子さんは「家にいたくない。両親と暮らすのがいやだから外に出た」ということだけです。つまり、お二人は息子さんに捨てられたということです。

勝手に出た以上、息子さんは自分の力で生きていくのが当然です。お金など振り込んであげる必要はまったくありません。捨てられたのですから、こちらも捨てたらいいのです。この際、息子さんははじめからいなかった、と割り切ることですね。

もしも帰ってきたら、そのときはそのとき。途方に暮れてくよくよ考えても、どうにもなりません。元気を出して。

24
肥満への恐怖感が根強く、食物を吐き出す長女が心配

長女は二二歳のＯＬです。五年前の高校二年のころ肥えたことを気にして拒食症にかかり、一時は骨と皮ばかりになりました。そして通信販売のヤセ薬を服用しだしてから、逆に大食症になりました。

信じられないことですが、大食後は口に指を入れて吐き出しており、見境なく菓子やパンを多量に食べては吐き出す毎日です。昼間の勤務中は、どうしているかわかりませんけれど、帰宅後や休日は、ここ四、五年同じ状態が続いております。

親としては心配で、注意を繰り返していますが、本人は太る恐怖感が根強くあるようで、私に隠れて吐いています。強く注意すると半狂乱になり、手のつけようがありません。

どうしたらよいか、と連日悩んでおります。具体的に私がすぐしなければいけないのは何でしょうか？

（川口市　主婦　四七歳）

●家族の手に負えぬ段階。強制的にでも病院へ

お母さんが具体的にすぐしなければならないことは、娘さんを病院に入れる、それに尽きると思います。

拒食症は神経性の病気ですが、娘さんはかなりの重症のようで、家族の手に負える段階をこえています。事前に神経科の医師に相談してから娘さんに入院をすすめてみて、だめなら強制的にでも病院へ運ぶべきです。

娘さんは、太るくらいなら死んだほうがまし、とまで思いつめているのですから、ほとんど病気どころか決死的だと思うのです。そんなところにまで追いつめた、というか、ほうって置いたお母さんを責める気持ちはありませんけれど、ことここに至っては、娘さんの命にかかわります。

お母さんも、せいぜい強固な意志を持って、立ち向かってください。

25
プロ棋士を目指す長男から碁をあきらめさせたいが……

囲碁狂いの長男のことで悩んでおります。

彼はいま中学二年です。小学校五年のとき、近所の碁会所で手ほどきを受けたのが病みつきでした。ご老人から「筋がいい」とほめられて、頭に血がのぼったようです。碁の雑誌、囲碁の本ばかり読みふけり、碁石を手から離すのは、はばかりと寝る時間だけです。

母親の私には、くわしいことはわかりませんが、なんでも石田芳夫という天才的な（なんだそうです）棋士に熱をあげ、自分自身も天才のように思い込んでおります。昨年でしたか、日本棋院のジュニア大会に出場し、一回で負けてきたらしいのに、熱がさめる気配はみえません。

小学生のときは、優秀だった学業が最近、当然ながら下がってきました。プロの棋士なんて、厳しいと思います。どうしたら、あきらめさせられるでしょうか。

（川口市　主婦　三八歳）

●碁に狂うのも青春。プロになれなくても趣味道楽で

無責任なようですがオートバイを飛ばして他人に迷惑をかけたり、友だちをいじめたりするロクでなしよりは碁石とにらめっこをしている息子さんのほうが、ずっといいではありませんか。

自分の才能を信じて熱中している息子さんを、なぜあきらめさせなければならないのでしょうか？　それが、青春というものだ、とあなたは思いませんか？　学業が遅れても、当人がその気になれば、また勉強に身を入れることでしょうし、棋士だけではなく何の仕事でも、プロへの道がきびしいことは、これも当人が納得するまではわからないことでしょう。だからこそ、彼は頑張っているのです。

たとえば棋士のプロになれなくて、趣味道楽に終わっても、他人に迷惑がかからなければけっこうなことだ、と私は思うのですが。

26 息子の結婚式で有名大学〝中退〟の履歴に触れられたくない

結婚を間近にひかえた長男のことでご相談します。彼は有名大学を「情熱がなくなった。あと二年間は無意味だ」といって退学し、技術専門学校を卒業しました。結婚の相手や、その他の身近な者はそのことを承知しています。

ところが、田舎に住む親類や日ごろ疎遠な人には、長男がその有名大学を出たと思われています。うそをつかないまでも、この件にはだれからも触れてもらいたくないのです。

披露宴では、やはり本当のことを公表しなければいけないでしょうか。なんとか真実に触れないですむ便法はないものでしょうか。結婚の日取りが決まる前に私の心境を定めておきたいのです。

長男は、なんの気負いもこだわりもなく、淡々としています。私の悩みは、彼にはまだ打ち明けておりません。お教えください。

（港区　母親　五〇歳）

●結婚するのはあなたではない。見栄を捨てて息子さんに一任を

ご長男が学校を変えたことを、なぜ他人に知られたくないのですか。理由が書いてないので、私にはわかりません。それより、結婚式でなぜそんなことまで公表する必要があるのでしょうか？

ナンセンスです。さらに、なぜウソをついてまで披露宴などをするのですか？　これもナンセンスです。

結婚をするのは、あなたではありません。どういう結婚式をするかは、淡々としているという立派な息子さんと相手の女性に一任するのがいちばんだと思います。それがあなたの気に入らなくても、仕方がありません。それとも、息子さんはあなたのために結婚をするのでしょうか？　どうもわかりませんね。

とにかく、いっさいの見栄や外聞を捨てて、もう一度、結婚式というものの意義を、そして披露宴の意義を考えてみてください。

27 いじめに遭い、学校をズル休みする息子をどう導けば……

東京・豊島区の職員宿舎から、決心して住宅ローンを借り、鎌ケ谷市にマイホームを持つことになりました。

狭いながら庭があって、待望の犬を飼えることを喜んでいた小学校六年生の長男の顔色が、最近急に悪くなりました。頭が痛い、などといって学校をズル休みしたりします。

わけを問いただして、いじめに遭っていることがわかりました。テレビや新聞で報道されているほどひどいものではありませんが、大勢で取り囲み、はやしたり、口ぎたなくののしったりするそうです。

もう一人、やはり東京からの転校生も同じ被害に遭っているとのこと。女房と一緒に担任の先生に相談しましたが、あまり大げさに考えないでほしい、といわれただけでした。父親として、長男をどう導いてやればよいのでしょうか。

（消防士　三九歳）

●人間形成は家庭で。息子さんから信頼される父親に

子供の世界の「いじめ」については、私なりの意見はたくさんありますが、一言でいえば、現今の節度をわきまえないふやけた大人の世界の反映だと思います。

昔は、たとえば教師がゲンコツをふるう場合も、おのずから手かげんというものがあり、いじめにしても、いまのような陰湿さはなかったように思います。

私は学校は「勉強」するところであって、真の人間形成は、絶対に家庭でするべきだと思っています。まず第一に、お父さんが子供のほうから相談されるような信頼できる父親であること、最高の話し相手になることです。自分の意志と勇気をしっかり持った子供になれば何も恐れることはないのです。

「家庭でいくら気をつけても、まわりが悪すぎるから」と、あきらめないで努力してください。

28

仕事に夢中で結婚など眼中にない二九歳の娘。父親の心構えは？

長女は、ことし二九歳になります。四年制の大学を選んだときも、父親として「お嫁さんのもらい手がなくなるぞ」と反対しました。卒業後、雑誌社に入るといい出したときも、同じ理由でいい顔をしてやりませんでした。

しかし、娘は「いいだんなさんを見つけてくるわよ。そのうち」と取り合いませんでした。そうして、見つけてくるどころか、仕事がおもしろくて仕方がないらしく、恋人もできなかったようです。

私の職場や、妻の友人から紹介があって、何度かお見合いの話も来ました。それを、娘は全部断りました。最近では、中に立ってくれた人たちもあきらめたか、縁談もまったく途絶えてしまいました。

娘の人生は私の人生とはちがいますが、私ももう高齢です。先生のお考えをお聞かせください。

（府中市　あせる父親　五六歳）

●適齢期なんて死語。気持ちはわかるが父親のわがまま

お父さんはなぜ、そんなに花嫁の父になりたいのですか？　早く孫の顔が見たいから？　世間体が悪いから？　それとも女の幸福は、結婚にしかないと信じているから？　マサカ。娘の人生は私の人生とはちがいますが、という口の下から自分の年の心配をする。まあ、お気持ちはわかりますが、でも、わがままです。

いくらお父さんがあせっても、娘さんには娘さんの生き方があって、娘さんはすでに自分の選んだ道を走り出しているのです。もう、娘さんの行く手をさえぎったり、引き戻すことはやめて、静かに見守ってあげてください。結婚だって、娘さんがその気になったときすればいいじゃありませんか。結婚適齢期なんて言葉は、もはや死語同然。時代は変わっているのです。

29
長男の結婚相手はいい娘さんだが、外国籍なので反対したい

二七歳になる長男のことでご相談致します。昨年夏、結婚したいといいまして、ある娘さんを連れてきました。たいへんいいお嬢さんで、私どもも気にいり一応は承諾しました。

ところが、調べてみますと、そのお嬢さんは外国籍の方で、私どもの家には受け入れにくいという結論になりました。若い二人にはつらい思いをさせました。

しかし、その後、息子はろくに口をきいてくれません。親たちが持っている偏見を、自分たち世代に押し付けるのは、納得いかないとのみ申します。

性格もかかわり、仕事のほうもあまり身が入らないようすです。息子は、私どもをだますつもりはなかったといいますが、まわりのことも考えて、好きな女性と一緒になるだけが幸せでないということを、わかってもらいたいのです。どのように説得したらいいでしょうか。

（松戸市　主婦　五四歳）

●結婚するのは息子さん。母親が率先して承認を

「百聞は一見に如《し》かず」といいますが、実際にあなた方の目で見てそのお嬢さんを気に入ったのなら、そして息子さんの身になって考えるなら、やはり結婚させてあげるべきだと思います。

国籍のことで、何か特別な事情でもあるのかどうか知りませんが、とにかくそのお嬢さんは「私ども」と結婚するわけでなく、たとえば息子さんに家を出られて結婚されても仕方がない、それが今の時代です。

まず、あなたが率先してそのお嬢さんを承認してから、徐々にまわりの方々の理解を求めたらいかがでしょうか。

息子さんは今、どんなにつらく、孤独な気持ちでいるでしょう。どうぞ、母親としての誠意と愛情をつくしてあげてください。

30
五年前に家出した息子の消息がわからず、どうしたものかと……

五年前、家を出た息子のことでご相談します。今年で二三歳になります。高校卒業のさい、大学受験を拒否、話し合った結果、就職することにし、会社も決まりました。そんな矢先、突然、なにも告げないまま家を出ました。けんかしたわけでもありません。その後、大阪のレストランから「一ヵ月ほど働いたが、給料の残りも受け取らず姿を消した」との連絡がありました。三ヵ月に一度くらい、夕方に、無言の電話があり、親のカンで、息子だと感じていました。元気な証拠と考えることにしていましたが、最近は、それも絶えました。

居場所がわかったとしても、いまさら問いつめようとは思いません。本人の自覚を待つほかないとわかってはいますが、なぜ便りくらい出せないのか。幼いころの写真を見ながら、考え込んだりしています。

（松本市　父親　五五歳）

●彼なりの懸命な生き方。帰ることを信じて、そっと見守って

息子さんの自覚を待つよりない、とおっしゃいますが、私もまったく同感です。でも、ご両親の考える自覚と、息子さんが求めている自覚は、大きく食いちがっているかもしれませんね。息子さんが大学受験を拒否し、親元を離れたのは、甘えの心を断ち切って、自分の力で、自分の道を探したかったからではないでしょうか？　彼は彼なりに一生懸命に生きようとしているのだと思います。無言の電話は、彼の精いっぱいのご両親への甘えかもしれません。

彼が帰って来たときに、あたたかく迎えてあげる心の準備をして、今はそっと息子さんを見守っていてあげてください。

人間としての自信と自覚がそなわったとき、息子さんは必ず帰って来る、と私は信じています。

31 学校の成績も悪く、大人になっても定職のない次男に疲れ果てて

ビルの管理人として住み込んでいる五六歳の女性です。夫は五年まえに亡くなり、二七歳の長男と二二歳の次男がいます。

次男は小学校以来、ビリの成績で、本人の希望もあって高校は夜間へ入りました。昼は米屋さんで働いていたのですが、単位を一つだけ落とし、これが挫折になったようで、学校を変わり、同時に働くことをやめてしまいました。アルバイト紹介の本を見て、先方が使ってくださるというと、出勤できなくなります。相手が自分に対して好意的でないと思えば、それが気になるようです。私も長男ももう疲れてしまいました。

今、二人の息子は別のアパートで寝起きし、次男は夕食は私のところへ食べにきます。

私自身、次男にかまわず今後を生きてよいものかどうか。そうしたこともふくめて助言をお願いいたします。

(札幌市　母親)

●型にはめるのは逆効果。自活の楽しさを

二二歳にもなって、いささか内気すぎるのが気になりますが、息子さんはとくに、対人間に弱いようですね。

でも、世の中にはいろいろな性格の人がいます。勉強ができなくても人間的に優れた人もいますし、学校へ行かなくても立派な仕事をする人もいます。お母さんとお兄さんが一つの型にはめようとすればするほど、当人はコンプレックスが増し、自信を失ってしまうのではありませんか。

息子さんをもっとリラックスさせて、自力で歩む厳しさと楽しさを経験させてあげることがまず第一だと思います。

アルバイトをしたら、得たお金で自分で食事をすること、など。いつまでも手とり足とりしていては息子さんをスポイルするばかりです。

32
親子二代の血族結婚に悩む長男にアドバイスを

私の長男は、私の腹違いの姉の三女とちいさいときから大変仲がよく、兄妹のように育ってきました。

中学生になったころから、お互いに好意を持つようになり、それが二〇歳前後には恋愛感情へと進展して、今では、結婚を誓う間柄になっています。

それだけならさほど気にならないのですが、彼女の両親も、実はいとこ同士で結婚しているのです。

二代にわたる血族結婚となるわけです。

法律的にはともかくとしましても、遺伝学的に反対しております。当人たちもいろいろと考え、思い悩んでいるようです。

やはりお互いのためにはよくない結婚なのでしょうか。お教えください。

（町田市　R子）

●口出しするな。二人の意志に任せなさい

私の夫は医学の落ちこぼれですが、先天的に耳の聞こえない男性と中途失聴の女性との、結婚から長男の誕生までを描いた映画「名もなく貧しく美しく」を製作するに当たって、改めて「遺伝学」の勉強をしたそうです。

その話によりますと、現在の遺伝学は高度に進歩していて、劣性遺伝するかどうかということについても、素人には、とうてい判断できない領域にあるそうです。

ご当人たちが子供を欲するならば、専門医に意見を聞き、もし専門医に「子供を産むのはよしなさい」といわれたら、結婚しても子供は産まないほうが賢明だと思います。

まわりから反対するのは、私は反対。ご当人たちに任せるのがいちばんだと思います。

33 社会人ホヤホヤの薄給の息子から食費を取るべき？

今年大学を卒業して、銀行に勤め始めた息子がいます。いろいろ経費を差し引かれて、いま手取りは一〇万円ほどです。五月は洋服代、車の税金などで、給料はなくなってしまいました。毎月五万円くらいずつ残したいらしく、ケチケチ生活を始めています。家賃、食費、光熱費などは私どもが出しています。

自分のためにと経済専門紙をとっていますので、その分だけでも払うようにいいますと、しぶしぶ出しました。「いつまでも親をお手伝いさん代わりに使って、利用できると思ってんの」としかりつけましたが、残業で疲れはてて帰ってくるのを見ると、つい怒る気もなくなります。

よその家では初めから二〜三万円を入れさせていると聞きます。お金のことでギスギスしたくはないのですが、安給料でも食費ぐらいは取るべきでしょうか？

（調布市　主婦　四四歳）

●当然です。いっそ家から出して独り立ちを

大学を出て就職し、収入もある息子さんはもう立派な社会人なのですから、家に食費を入れるのはごく当たり前のことです。

お金を残したいという心がけは悪いとは思いませんが、それにしても自分のための新聞代まで親にオンブする神経は、甘ったれを通りこして少々異常だと思います。

このさい、食費の問題など持ち出さずに、いっそ息子さんを家から出して独り立ちさせてはどうでしょうか？　自分の働いたお金で生活をすることがどんなにたいへんなことか、を経験させるのは、息子さんの将来のためにもいいことだと思います。

残業で疲れはてているのはお宅の息子さんだけではありません。それでもみんながんばってやっているではありませんか。

34
高齢で一人暮らしの父を無理やり上京させ、同居したが……

父は広島県生まれ。国鉄を定年退職後は関連会社も勤めあげ、七七歳になった昨年から、東京に住む私たち長男夫婦の家に移ってもらいました。

広島に持ち家があり、とても健康ですが、五年前に母が亡くなってから、一人暮らしでした。いくら上京をすすめても「母さんと一緒にいたいから」と、かたくなに拒んできたのを、無理やり連れて来ました。あの高齢では、ほうって置くわけにはいきません。

お口に合わないかもしれないけれど、と妻も老人食を研究したり、私が見直すほど優しく接してくれています。しかし最近、父はなぜか深酒を重ねるようになってしまいました。どんな不満があるのか、はっきりいってくれず、ブツブツと不機嫌です。

やはり永年住んだ土地のほうがいいのでしょうか。賢明な道を教えてください。

（八王子市　K生　五五歳）

●老人は自分の家が最高。田舎に帰らせて

お父さんは、年老いた自分を心配して呼び寄せてくれたあなたに深く感謝しているでしょう。そして、よく面倒をみてくれるあなたの奥さんにも。

ただし、です。お父さんにとって最高に気楽で居心地がいいのは、広島にある自分の家ではないでしょうか？　高齢だから、とあなたはいいますが、高齢だからこそ永年住み慣れた家で暮らしたいのだし、できればお母さんの亡くなった土地で自分も死にたい、と思うのは当然でしょう。

私の主人の父親も、子供たちがどんなに誘っても、頑として自分の家を離れず、子供たちのプレゼント（?）である家政婦さんと、死ぬまで暮らしていました。

深酒や不機嫌は、どうやらお父さんの欲求不満の表れでしょう。あなたの感情はいっさい抜きで、お父さんの本心を聞き、したいようにさせてあげるのがいちばんだと思います。

35

両親の離婚が信じられない。ぼくたちはどうなるの？

中学三年生のぼくの両親は、いま離婚寸前です。小学六年生になった弟とふたりで、どうしたらいいのか困っています。

お父さんは、ぼくにお母さんのことを「おまえが大きくなっても、ぜったいにあんな女をお嫁さんにもらってはだめだ。よく覚えておきなさい」というし、お母さんは「あの人みたいに外で女をつくるゲレツな男にならないでちょうだい」といいます。

そんなことより、ぼくたちは両親が別れるなんて考えられないことです。お母さんは「この子たちがいるから私はがまんしてきたけれど」と離婚ばかり口にしています。

親が離婚したら、ぼくたちはどうなるでしょうか。うちは、そば屋をやっています。ぼくたちは学校をやめてお店を手伝ってもいいから、離婚なんかしてほしくありません。

（静岡市　S男　一五歳）

●両親の話し合いに加わって、たくさん質問しなさい

「学校をやめてお店を手伝ってもいい。離婚してほしくない」というけなげさと悲しみには、他人の私まで心が傷むくらいです。

大人の世界の込み入った問題は、一五歳のあなたにはまだ理解できないでしょう。これからは、ご両親が話をするとき、あなたも仲間に入れてもらって、自分にもよくわかるように説明してくれるように頼んだらどうでしょう。

「あなたたちがいるから」とお母さんが今まで離婚をがまんしてきたのなら、これからもがまんできないのか、なぜがまんできないのか、お父さんはお母さんのどこを悪い女と思うのか、あんな女とはどんな女なのか、たくさん質問してごらんなさい。よく説明してもらえば、あなたにもわかると思います。

両親が離婚すればいちばん困るのはあなたたち兄弟ですもの、聞きたいことを聞いても、ちっともかまいませんよ。

36 長男の貯金をあてにして帰郷をすすめる困った親

主人は農家の長男で、いま東京で就職しています。近い将来、田舎に帰ることになっています。

農業は継がなくても帰ってきてほしい、と両親の希望。長男は帰らなければいけない、と育てられた主人。彼は仕方なく帰ることに同意しています。ただ、その両親は「自分たちの老後はおまえたちに頼む。そのために、いまから貯金をしておけ」というのです。

私たちは、子供が生まれたばかりです。主人の収入は、毎日の生活でいっぱいです。けっして裕福でない貧しい生活なのに、主人も田舎の両親も、世間体のためなら借金をしてでも、親のための貯金をしなければ、という考えなのです。

親の懐をあてにして田舎に帰る話はよく聞きますが、子供をあてにして帰ってこいという両親と、どうやっていけばいいのでしょうか。私は冷たすぎますか？

（荒川区　主婦　二六歳）

●勝手な両親。が、ご主人が帰郷望めば尊重を

日本国では、まだそんな古い習慣がまかり通っているのか、とびっくりしました。もちろん、あなたの考え方は冷たすぎるどころか、いまの時代では当然です。

けれど、そういう育ち方をしたご主人が、親ごさんに同意して「帰る」というなら、そしてあなたがご主人の意見を尊重するのなら、どこまでもご主人についていくより仕方がないでしょうね。勝手なご両親だと思いますが、嫁のあなたが口をはさめば、摩擦が生じるばかりでしょう。

私の夫には五人の兄弟がいます。一人暮らしの老いた父親が「だれか家へ帰って来い」といいました。でも、帰りませんでした。みな自分の大切な仕事と生活があったからです。そのかわり、五人はお金を出し合って家政婦さんに父親の面倒を見てもらいました。互いに他人同士だからでしょうか、かえってうまくいったようです。

37
話し相手のいない実家の母が新居に入りびたり、ちょっと重荷に

結婚して実家に近いアパートに住んでいます。ご相談は、実家の母（五五歳）が毎日うちへ入りびたっていることです。四歳の子がいますので、孫の顔を見たい気持ちもわかりますが、それだけではないようです。

実家では、父の帰りが遅く、弟も入社一年目でつきあいに忙しく、学生の妹はバイトや遊びで、だれも母の話し相手になってやらないみたいなのです。

母の話は、若いころのこと、親類のうわさ、家族への不満などです。私が結婚してしまって、さびしい思いをさせているのかな、とできるだけ相手になっています。

けれど、母がいつもいますので私の友だちは遠慮して、だれも遊びにこなくなりました。ときどきは同じ年代の人や近所の人とも気軽につきあいたいと思い、母の存在が少々重荷でもあります。私は、心の冷たい人間なのでしょうか。

（いわき市　E子　二五歳）

●理由をいってお母さんにがまんを。主婦としての確立を

あなたは「心が冷たい」どころか、いまどき珍しいほど思いやりのある優しい方だと感心しています。だからこそ、お母さんの足はついあなたの家に向かってしまうのでしょう。けれど、もちろんお母さんは大切ですが、若いあなたにとっては、将来のためにもお友だちや近所づきあいも大切なことのひとつだ、と思います。

仲のよいお母さんのことですもの、ざっくばらんに理由をいって、一主婦としてのあなたを確立すべきだ、と私は思います。お母さんも、きっとわかってくださるのではありませんか。

他人とつきあうことは、お母さんとの会話にもまた新鮮な材料になって、たぶんいい結果が生まれるのではないでしょうか。

38
定年を迎え、失意に落ちこんでいる父を元気づけたい

長い間、証券会社に勤めてきた父が、五五歳の定年を迎えました。あと二年間は嘱託として残れるのですが、文字通りの閑職で、会社へ出ても仕事らしい仕事はないようです。

定年の日の三ヵ月ほど前くらいからだったでしょうか、父は別人のように元気を失い、目に見えて背中が丸まってきました。「一五階のオフィスから下を眺めていて、ふっと飛び降りたくなることがある」などと申します。

しかし、母は「死にたいという人間が死んだためしはない」と、憎らしいことを平然といいます。同じ都心に勤める私は、ときどき退社時間に父を誘って焼き鳥屋でお酒を飲みます。でも、父の失意はお酒でますます深くなるらしく、悪酔いしてしまいます。

無趣味で、気分転換もできないでいる父に、私は何をしたらよいでしょう？

（大宮市　ＯＬ　二六歳）

●お父さんを頼れ。「一家の主人」の自覚が生きがいに

「死にたいという人間が死んだためしはない」というお母さんの言葉は、憎まれ口ではなくて、お父さんを奮起させるための、精いっぱいの愛情表現のつもりでしょう。けれど、そういう言葉すら冗談として聞き流すこともできないほど、定年後の男性の落ちこみ方は深刻で、激しいもののようです。

お母さんやあなたがお父さんを慰めようとして優しい態度をとればとるほど、お父さんの失意は深くなるでしょう。それより、逆に、「お父さんは必要な人。お父さんがいないと私たちは困るのですよ」と、せいぜいお父さんに頼ることですね。たとえば焼き鳥屋でも、絶対にお父さんにおごってもらうことです。

一家の主人《あるじ》として父親としての生きがいをもってもらうよりほかに、いい方法はない、と私は思うのですが。

39

年金もなくぎりぎりの生活をする実家の両親が心配でたまらない

実家のことでご相談します。今年、還暦を迎える父は広告業を営んでいます。十数年前に保証人になったのが元で借金を抱え、結局、家を手放しました。現在、両親と二七歳の長男で借家住まいをしています。仕事はぎりぎりの状態で、母が和裁の仕立てをして、なんとか暮らしています。

長男は末っ子でおとなしく、父は長男のいうことに耳をかそうとはしません。ほとんど会話もありません。国民年金にも入っていないようで、両親のどちらかがもし病に倒れたら、と思うと不安でなりません。私を含め三人の娘は生活をするのが精いっぱいで、経済的な援助はできません。

いまさら他の仕事につけるほど若くはない両親と、これから結婚もしなければならない弟のことを考えると、何もできない自分がなさけなくなります。どう考えればよいでしょうか。

（沼津市　主婦　三〇歳）

●取り越し苦労。人生、一寸先はわからない

ご心配はわかりますけれど、あなたの悩みは「取り越し苦労」というもので、いくら考えてみても、なんの解決にもならないと思うのです。長男の結婚もまだ決定したわけではなし、結婚するにしても二七歳にもなっていれば、自分の力でできるでしょう。

ご両親が倒れたら、と心配しても、極端なことをいえば、倒れるのはあなたのほうが先かもしれませんよ。

この世の中、一寸先のこともわかりませんものね。そのときはそのときで、一家が力を合わせれば、何とか道は開けると思うのです。

どこの家庭も、そうした不安や心配を抱えながら暮らしていると思います。

あなたも「何もできない」と悲観的にならず、「なにかできる」と思ってください。あなたにはまだ三〇歳という若さがあるのですもの。

40 八四歳の老母と不仲の長姉を和解させたい

八四歳になる老母と不仲の六一歳になる長姉のことでご相談いたします。

母はあまり働かなかった亡父に仕え、精いっぱい生きてきました。今は、長兄が後をついでいる店を手伝ったりしています。

長姉は、尋常小学校をでると叔父の家へ出され、そこから嫁に出て、今はそれなりの家庭を築いています。二年前、母が上京したおり長姉の家に寄らなかったことから、溝ができました。母は、共働きの長姉に気を遣っただけなのですが、長姉は怒り、セキを切ったように恨み、つらみを私たちにぶつけました。家の犠牲になって苦労したこと、自分だけ女学校を出してもらえなかったことなどです。母は「もう長生きはしたくない」といいます。母が元気なうちに和解させ、母を「幸せだった」といって送ってやりたいと思うのです。

（秋川市　主婦　四七歳）

●〝和解〟より、まず二人で会う機会を作って

お母さんがお姉さんを手放したことについては、それなりの事情があったのでしょうが、お姉さんの心にはその時点から不満が蓄積されていて、それが一挙に爆発したということでしょうね。

けれど、いまさらお姉さんが怒ってもどうなるものでもなく、なんらかの解決のつく問題でもありません。そのくらいのことは六一歳にもなるお姉さんのことですもの、わかりきっているはずです。

お姉さんの言葉は、精いっぱいのお母さんへの甘え、ぐちだと思ってあげたらどうでしょうか？

あなたのご心配はわかりますが、和解させるというよりは、まず、お母さんとお姉さんに、一日でも多く面会の機会を作ってあげることだと思います。

41 酒におぼれて暴力を振るう父を、いっそ殺してしまおうかと……

五八歳になる父のことで悩んでいます。父はサラリーマンでしたが、祖父がなくなったあと、長男だからという理由で店のあとを継いで二〇年になります。父は酒におぼれているのです。私は小学生のとき、大病をしたことが何度かありましたが、そのときも父はほとんど一週間以上も、朝から晩まで何も食べずに飲み続けました。

母や私たちのいうことも聞かず、泣いて頼んでも、暴力を振るって、自分のやりたいようにしています。ふだんは優しくてユーモアもあるのですが、晩酌だけというのができません。

一人で店を守っている母を見ながら、父さえいなければ私たち母娘はどんなに幸せかと思い、いっそ父を殺して私も死のうかと考えることさえあります。父の酒代とほかの人に頼む運転代などで、家計は苦しく疲れきっています。

（福生市　S子　三二歳）

●アルコール中毒。いっそお父さんに別れ話を

あなたのお父さんは「アルコール中毒」という病気です。

お酒におぼれなければいられないお父さんにはそれなりの理由もあるのでしょうが、そのために家族がそこまで犠牲になることはないと思います。

ふだんは優しくてユーモアもある。ということですから、機会をみて、家族でしっかりと話し合ってみたらいかがでしょうか。病気なのですから、お父さんにそれを認識してもらって病院へ行ってみるのも一案だと思いますし、「父を殺して…」とまで思いつめているのなら、いっそ、お父さんに別れ話をしてみるのも一案だと思います。

死ぬほどの覚悟があるのなら、勇気を出してまず話し合いからはじめてみてください。

42 社会勉強のために下宿したいが、親が大人扱いしてくれない

親がいつまでも大人扱いをしてくれず、困っています。今年、一浪のすえ地元の国立大に合格し、いままでとまるっきり違った新しいできごとを、とても新鮮なものに感じました。

机上の勉強だけでなく社会勉強もしたいと思っていたのですが、どんな外泊も禁止、長電話は厳禁、とにかく勉強だけしていればいいと信じている父親の考えについていけません。

母親も同様で、自分に大学の経験がないためか大学生活そのものに対する理解がなく、せっかくの新生活に両親が暗い影を落としています。

私自身は下宿をして、早く親から離れたいと思っています。このことを親に話すと、食事をさせないとか、退学させると脅すなどして、一方的にはねつけられます。このごろは家に帰るのも億劫《おっくう》になってきました。

（福井市　A子　二〇歳）

●親もとを離れるなら自活の覚悟を

「成人式」は、心身ともに十分に成長して立派な大人になったというお祝いの意味で、人生最初の区切りともいえるでしょう。

二〇歳に成長したあなたを、ご両親が大人扱いしてくれないという不満もわからないではありません。

親もとを離れて下宿をするばかりがよいとはいえませんが、その場合には、親がかりの甘えをいっさい捨てて、自分の力で働いて生活をする、というぐらいの一大決心がいると思うのです。

一人の生活者として生きていくには勇気も努力も体力も必要で、並大抵なことではないのですから、慎重に考えて、ご両親とも相談しながら、あなたのこれからの道を決めてくださいね。

43

やっと予約が取れたのに、ホテルのありきたりの披露宴に反対する父

結婚式を半年後にひかえて、暗礁に乗り上げています。披露宴のやり方について、私と父親の意見が合わず、結婚相手の彼が怒り始めたからです。

私たちは、同じ職場で知り合い、周囲に祝福されて上司に仲人をお願いしました。東京の有名ホテルで挙式、披露宴をすることが決まったとき父が突然、お色直しはやめろ、とくに新郎のお色直しは出席者に失礼だ、ホテル側の演出ではなく、自分たちらしい披露宴を考えられないのか、そうでなければ出席しないなどと強硬に反対しました。

父は、職場で何度も仲人をやり、世間並みの披露宴に嫌気がさしているようです。それはわかりますが、ホテルに申し込んでやっと予約が取れたのに、突然の反対に私たちは困惑しています。「結婚そのものが許せないんだ」と、彼は憤然としています。

（今市市　J子　二八歳）

●お父さんに賛成。お仕着せの披露宴など迷惑

「結婚そのものが許せないんだ」という花嫁の父の感情が、披露宴のやり方までエスカレートしてしまったのかどうか知りませんが、私も常日ごろから、お仕着せの披露宴ほどこっけいでばかばかしいものはない、と思っている一人で、お父さんの考え方には全面的に賛成です。

多忙な先輩や知人を自分の勝手で呼び寄せておきながら肝心の花婿花嫁がファッションショーのごとく出たり入ったりするお祭り騒ぎのような披露宴などに、一片の誠意も謙虚さも感じられません。出席者はシラけるばかり、つまり「迷惑している」ことを知るべきです。

それでも決行したいのならお父さんの欠席は覚悟のうえで、親のお金は当てにせずに二人の力だけですること。それが不可能なら、お父さんの意見に歩み寄ること。結婚は第二の人生のスタートです。よく考えて悔いのないようにしてください。

44 浮気を繰り返す父に耐えしのんでいる母が不憫

福岡にいる両親は商売をしていて、休みには古美術品店めぐりをしたりで、とても仲のいい夫婦と思っていました。ところが最近、父はずっとまえから女出入りを繰り返していたことを知ったのです。母は「子供にだけは知られないようにしていたのに」と泣き崩れました。

母と結婚した直後にある女性を妊娠させ、以後もたびたびで、母だけが耐えてきたこともわかりました。

いまは四年ほど前から一人の女性との関係が続いていて、週三日の夜の外出と月二回の外泊を認めさせられたそうです。

父は浮気の相手には「離婚する気はない」と伝え、母にもすべてを打ち明けるそうです。兄も私も結婚しており、妹も間もなく家を出ます。母が一人だけ残ることになるわけで、「そのときのわびしさが耐えられない」と母はいいます。

（青梅市　主婦　二六歳）

●お母さんの気持ちを尊重して手助けを

お母さんは、「耐えられない」とはいってもお父さんと「別れたい」とはいわないのですか？　そこが問題です。

もし、お母さんに「別れる」意志があるならば、あなたがた兄妹はいまこそ、お母さんのために手助けをしてあげるべきだと思います。

お父さんにはそれだけの前歴があるのですから、法的にも問題はないと思いますし、お父さんからもらうものをきちんともらって、お母さんのいちばんしたいようにさせてあげたらいいと思います。

真剣に離婚の話をすれば、お父さんにも変化がおきるかもしれませんね。

とにかく、お母さんの気持ちしだいです。

兄弟——「近くて遠い」のが兄弟

45 病名は秘密だったのに、主人が妹に「胃がん」といってしまった

妹の夫が、十二指腸かいようで手術を受けました。実は胃がんで、胃を三分の二切除したのです。医師は当分、制がん剤投与を続ける、きれいに取ったから、二年以内に再発しなければ大丈夫、といいました。

がん、と知らされていない妹はホッとし、完治した気分でいたらしいのです。が、私の留守に妹の電話を受けた主人が、再発したらたぶんダメだろうから、そのときの覚悟をしたほうがよい、といってしまいました。

あとで私が電話すると「恨まないまでも、せっかく落ち着いて晴れやかな気分になっていたのに」と、泣かれてしまいました。妹夫婦は再婚者同士で、二人ずつ四人の子供がいます。

いってしまったことは、後の祭りです。

でも、もしもの事態になったときでも打ち明けずに、完治した、と妹に思い込ませていたほうが良かったのでしょうか。

（銚子市　L子　四五歳）

●いってしまったことは後の祭り。妹を励まして

考えても考えても、お返事のしようがなくて困りました。おっしゃるとおり、いってしまったことは後の祭りだからです。ご姉妹の仲がこれ以上、このことでこじれず、妹さんを優しくいたわってあげてくださいとしか、いいようがありません。

それにしても、あなたのご主人はなんたる軽率な方でしょう。そんな重大なことをあなたと相談せずに、それも電話口でしゃべってしまうなんて、オッチョコチョイもいいところです。言葉は、あるときは凶器にもなります。今後はせいぜい気をつけてくれるように、と一発食わしておくことですね。

妹さんのご主人が二度と再発せず、お元気になられて、今度の事件が過ぎ去った「笑い話」になりますように、と私も願っています。

46
義兄への貸金を請求したいが、円満な方法は？

結婚後六年になります。四年前、主人の兄に百万円を貸しました。ギャンブルで借金に追われ、私たちに助けを求めてきたのです。そのころ、私たちはまだ子供がなく、共稼ぎでしたから力になりました。

五年間で返す、という口約束。二年たっても音さたがありません。心配になって、借用書だけは書いてもらいました。その後、何度も電話や手紙で請求して、いままでにやっと五万円を返してもらいました。

私たちもいま、家のローン返済に苦労しています。でも、主人は兄にはっきりとはいい出せないらしく、私の頼みを取り合ってもくれません。今後、借用書どおりの期日を待って、出るところへ出るしかないのでしょうか。

兄弟の仲だから、私も強硬な手段を取りたくはありません。といって、お金は絶対返してほしい。円満な道をお示しください。

（土浦市　F子　二七歳）

●貸した金は戻らぬもの。兄弟二人にまかせなさい

華僑の友人から聞いた話です。彼らの仲間が借金をしにきた場合には、必ず「その金を何のために使うのか」と、ただすのだそうです。そして、その用途がギャンブルのため、または「奥さん以外の女性」のためならば、絶対にお金を貸さないそうです。ギャンブルというものは、ほとんどどころか、まったくのビョーキで始末の悪いもの……中国五千年の知恵というところでしょう。

日本国においても、借金は「貸したら最後、返って来ない」ものらしく、私にも何度となく苦い思い出があります。家のローンでご苦労をなさっているあなたの悔しさはわかりますが、貸したお金が円満に戻ってくる道などあったら、私のほうが教えていただきたいくらいです。

とにかく、ご主人ともう一度、真剣に相談したうえで、あとは男性二人にまかせるよりほかにないと思います。

47　相続問題をきっかけに兄弟関係がこじれてしまった

私の主人は昨年一一月、がんで亡くなりました。戦後の混乱期に、ふろしき一つの荷物で一緒になり、彼は肺切除の四年間の闘病生活も乗り越えて二〇年間、元気に働いてくれ、ちいさな家も持つことができました。

ところが、わずかな資産を私の名義に書きかえる段になって、トラブルが起きたのです。遺言がないために、法の定めで四分の三が私名義に、残りの四分の一が主人の兄と妹、弟に行くのだそうです。兄と妹は権利放棄の印鑑を押してくれましたが、経営する出版社を倒産させた弟は応じてくれません。私に子供はなく、名義変更はストップのままです。

そのことよりも、この相続問題をきっかけに、これまで温かかった親類の関係がこじれて、冷たくなってしまったことが私には寂しく、精神的に打ちのめされた思いです。

（三島市　S子　六二歳）

●条件をつけて弟に相続放棄の説得を

あなたがどんなにがんばろうとも、法律は法律で、あなた一人の力ではどうなるものではありません。

まず権利放棄のハンコを押してくれたお兄さんと妹さんに頼んで、弟さんを説得してもらったらどうでしょうか。それがダメなら、お金はかかりますが第三者、つまり弁護士さんにまかせるよりほかに方法はないと思うのです。

はっきりいえば、あなたもやがて死ぬのですから、そのときにはお兄さん、妹さん、弟さんの三人に資産を残す、という条件をつけるのも、話の糸口になりませんか？

いずれにしても、ご主人が亡くなって初めて、あなたはご主人の親族の本音を知ったのです。一度こじれた人間関係は、残念ながら元に戻りません。人生の貴重な勉強をしたくらいに考え、力強く生きてください。

48 和服も自分では着られないのに弟の仲人を頼まれて

私は三二歳、夫は三七歳です。この一二月、私の弟（二七歳）が結婚式を挙げることになっております。

その仲人を私たち夫婦にやってほしい、と頼まれ、困惑しています。弟は「会社や親類の人をいろいろ考えてみたけれど、あまり二人のことを知らない〝頼まれ仲人〟は、あまりに形式的すぎて人間的でないと思う。挙式する以上、仲人には二人が心から信頼できる人にお願いしたい、と二人で決めたから」と申しております。

しかし、です。私たちはあまりにも若いし、それに新郎の兄弟が仲人をしたという話は、聞いたことがありません。

さらに私は和服も自分では着られず、留めそでは貸衣装店でも相当高価だと聞きました。若い兄弟の仲人でもかまわないのでしょうか。先生のご意見を待ちます。

（船橋市　I子）

●弟に賛成。兄弟の仲人は一服の清涼剤

近ごろ、こんなさわやかなお話を聞いたことがありません。まさに一服の清涼剤。他人の私までルンルン気分です。

結婚は世間体でするものではなく、仲人もトシでするものではありません。形式にとらわれない弟さんの考え方に、私はもろ手をあげて賛成です。

ところで、仲人はなぜ「留めそで」でなければいけないのですか？　それこそナンセンス。

私だったら、サッパリとしたスーツかワンピースの胸に、控えめな生花のブーケでも飾って大いばりで仲人をつとめるでしょう。

ムリをして貸衣装の留めそでなどを着こんで「結婚ショー」の道化を演じる必要はまったくありません。

どうぞ弟さんのために、世界でいちばんユニークでスマートな結婚式を演出してあげてください。

49 つっぱり女性との結婚を熱望する弟に、両親は大反対

二八歳になる弟のことでご相談いたします。

彼は長男で、勤めのかたわら、父の農業もよく手伝い、母や妹たちとも仲よく暮らしています。昨年、デパートに勤める同じ年の女性と知り合い、結婚したいといい出したので調べたところ、相手はいわゆる「つっぱり女性」であることがわかりました。母はこの交際に反対で、たまたま二人いたときに注意すると、弟は逃げ、女性は「クソばばあ、死んでしまえ」といったそうです。相手方の母親と兄と称する男が実家に「反対する理由は何だ」とのり込んで来たこともあるそうです。

その後、双方の家族が立ち会い、別れることになりましたが、二人の朝帰りは続いているようです。父も母もやせ、朝から涙する毎日です。弟の形相も一変しました。どうかよきアドバイスをお聞かせください。

（川越市　G子　三九歳）

●つっぱっているのは両親。がまんして家族の一員に

います。

「……のようです」と、また聞きたくさんのご相談なのでお返事がしにくく頭をかかえて

事実上はすでに夫婦のような、二八歳の大人である男女が正式な結婚を願っているのを、いかに家族とはいえ、交際を反対したり別れさせるなんてことができるものでしょうか？ みなさんのご心配もわかりますが、かんじんのお二人をそっちのけで、まわりの人は感情ばかりがエスカレートしてしまっている。つっぱっているのは相手の女性ばかりではないように思えてなりません。

思いきってその女性を迎え入れてみたらどうでしょう？

意外と解決の道が開けるかもしれません。

お互いに人間ですもの、みんなが自我をひっこめて、ほどほどのがまんをし合って、仲よく暮らしたいではありませんか。

50 わが家で食事をとる四七歳・独身の義弟が疎ましくてたまらない

主人の弟（四七歳）のことでご相談します。いまだに独身でわが家のすぐそばに住んでいます。数年前から、なんとはなしにわが家で食事をとるようになりました。勤めの関係で、時間はまちまちです。

朝早くきてポツンと待っていたりします。家族の食事がすんだあとで来られると、思わずため息が出ます。

義母は義弟が二日も姿を見せないと、電話して呼ぶありさまです。

私の子供たちも、たまにお土産を買ってくるときは、当然のように義弟の分も買ってきます。主人の兄弟たちも不自然とは思っていないようです。

義弟は、毎月、一方的に三万円を置いていきます。波風をたてたくはありませんが、最近は疎ましくてなりません。

（大和市　主婦　五〇歳）

●きちんとルールを決めて、ご主人から話を

私にも似たような経験があるので、ご家族にはわからない主婦の悩みは、よくわかります。

でも、あまりがまんすると、ストレスがたまってヒステリーがおきますよ。

たかが食事くらい、とご主人はいわれるかもしれませんが、いまのうちにきちんとルールを決めて、ご主人から弟さんに話してもらうことです。

たとえば、「家族の食事時間のあとで来ても、食事は出せないから、そのつもりで」とか。

それだけでも、あなたの負担はずいぶん軽くなるでしょう。

どこの家にもそれぞれのルールがあるのですから、問題は起きないと思います。

51
いつもは仲がいいのに、けんかではモノスゴイ双子姉妹の深層心理は？

二三歳の双子姉妹。私たちは仲のよいときは、まわりが気持ち悪がるほど仲がよくて、悩みごとを話し合ったり、相手が病気なら寝ずに看病したり、お互いのことを心配するのです。

しかし、私たちの間には想像を絶するすごいけんかが起こります。びっくりしないでください。殴る、ける、物を投げる、髪をむしる、水をかける。しまいには刃物まで持ち出すといったありさまで、青アザがいつも体についています。

近所迷惑になるような派手なけんかです。その最中は互いにがまんも思いやりも、どこかへ消えていきます。親は嘆き悲しんで、別々に暮らしなさい、とサジを投げてしまいました。むしろ、私たちの関係を不思議がっています。友だちには、こんなゾッとするようなけんかのことなどとても話せません。私たちは精神的な病気でしょうか？

（新宿区　悩む双子姉妹）

●一緒に生まれても死ぬ時は一人。けんかではない発散方法を

双子は異常なほど仲がいい、とはよく聞きますがけんかのことは初耳でした。でも、私はなんとなくあなたがた姉妹の気持ちがわかるような気がするのです。小さな争いから、お互いが自分自身とけんかしているような錯覚に陥って、そのうちにお互いへの甘えが憎しみに変わってしまう。例の、かわいさ余って憎さが百倍というやつじゃありませんか？お互いのストレスを投げつけ合って、あなた方は暗黙のうちに、より親密な姉妹であることを確かめ合っている。私にはそう思えてなりません。

でもサ、二三歳ともなれば、もう二人とも大人。子猫がじゃれているのとはちがいます。これからは、姉さんは妹さんではないし、妹さんは姉さんではないのだ、とお互いに少しずつ自覚して、けんかではないストレスの発散方法を考えてください。あなたがたは、生まれてきたときは二人だったけど、死ぬときは一人かもしれませんもの、ね。

嫁姑——どんなにイヤでも順々送り

52
義母を好きになれない。同居がいやで、離婚も考えている

私は三六歳、結婚して二年余りです。子供はいません。主人は長男で姉一人、弟二人がいます。主人の両親は六〇代前半です。二人で田舎で暮らしていて、ともに元気です。主人は両親の老後の世話をするつもりで、子としてはそれは当然だと私も思います。

問題は、私が義母をどうしても好きになれず、将来、一緒に暮らしたり、世話をしなければならないのなら、今のうちに離婚したほうがよいのではないかと思うことです。自分の将来が暗いだけのように思えてウツウツとしますが、離婚しても、もしずっと一人で生きていくことになったら、寂しいだろうなとも思いまます。私たち二人の間にはとくに問題があるわけではないので、とても迷います。

主人は今は離婚する気はまったくなさそうです。お互いに出直すなら早いほうがいいという気もします。

（文京区　O子）

●乱暴な考え方。結婚とは何かよく考えて

離婚、離婚と、ずいぶん無造作におっしゃるので、ビックリします。

世の中は確かに虫のすかない人もいるでしょう。それはわかりますが、ご両親はまだお元気とのこと、世話をするのはいつのことか、まだわからないではありませんか。将来イヤな思いをしたくないから、今のうちに根こそぎブッた切ろうという、乱暴でせっかちな考え方にもビックリです。

なんだか自分のことばかり考えていて、ご主人のことはどうでもいいみたい……。もしかしたら、あなたはお義母さんが好きになれないというより先に、ご主人を愛していないのではありませんか？

あなたにとって、結婚とは一体なんなのか、もう一度、真剣に考えてみてください。

53 のんびり屋の孫をののしる気の強い嫁に注意したいが……

二階家の一階に同居する長男（三六歳）一家のことでご相談します。

一家は嫁（三五歳）と孫A男（小五）、B男（小二）、C子（四歳）の五人です。問題は、強い性格の嫁が、のんびり屋のA男を相性が悪いといって嫌い、しっかり者のB男のほうばかりかわいがることです。A男に対して「あなたなんか死んでしまいなさい」とか「ウチにいらない子」「のろま」と口汚くののしります。

A男もそろそろ問題の多い年齢になります。長男が注意しても、激しい夫婦げんかになるだけで、一向に反省しないようです。二階の私の所にも、いやでも聞こえてきます。

いままで私は、われ関せずと聞こえぬ顔をしてきましたが、A男の担任の先生の悪口を子供の前でいうので、先生不信になりはしないかと心配です。ひとこと注意すべきでしょうか？

（板橋区　Y子　六〇歳）

●第三者に意見してもらったら？　孫の心守るためにがんばれ

なんともむずかしい問題なので、私も頭を抱えてしまいました。

なまじお母さんが口を出せば、気の強いお嫁さんのことですから「それなら別居しましょうよ」というところまで発展しそうです。ご主人の注意も聞き入れないのでしたら、お嫁さんが日ごろから一目置いている先輩、知人か、いっそA男さんの担任の先生によくお願いして一対一でじっくりと意見していただいたらどうでしょう？

もしかすると、お嫁さんには他人にいえない大きな不満があるのでは？　欲求不満は思いがけない所にはけ口を見つけるものです。それとなく聞いてみるのもいいかもしれません。

とにかく、このままではA男さんの若い心が傷つくばかりです。お母さん、がんばってください。

54
無趣味、わがまま、友人なし。家事せぬ姑に手を焼いて

六〇歳の姑のことで相談します。

経済的には何の不自由もなく、義父と二人で暮らしています。起きたいときに起き、食べ、寝て、テレビを見て、トイレとおフロに入るだけ。家事は何一つしません。

無趣味で、ゲートボールやペットを飼うことなど、みんなでいろいろすすめてみても、「私にはできない」「そういうのは嫌い」の一言で、何の発展もなく、毎日を過ごしています。

家族が真綿にくるむように接しているため、大変なわがまま。そのため友人もいません。

三〇歳を過ぎた子供たちが、自分の思いどおりにならないと、怒って何日もそのことをいい続けたり、寝こんだりします。そのためだれも何もいいません。最近は、ボケてきたようです。どのように接すればよいのでしょうか。

（日野市　主婦　二四歳）

●姑からみれば、いらぬおせっかい。手助けは義父と相談で

私は六二歳、あなたのお姑さんと同じ年ごろです。ですからお姑さんの心境がなんとなくわかるような気がするのです。

お姑さんは、育て上げた子供たちも一人前になり、経済的な不安もなく、家事からも解放されて、いまようやくご主人に甘えてノンビリとしているところではないのでしょうか。私も五〇年余り映画の仕事を続けたので疲れ果て、いまは何をする元気もなく、ただ夫に甘えさせてもらっています。

はたからペットを飼えの、ゲートボールをやれのとおせっかいをやかれるのは私もマッピラ、「やる気になったら自分からやります、ほっといて……」というところです。

あなたがどうしても何かしてあげたいのなら、お義父さんに聞いて、できることは手助けしてあげたらいいと思います。

あ、そうそう、お姑さんが怒ったり寝こんだりしても趣味程度に考えて気にしないことですよ。

55 姑の威圧的な態度がつらく、どうしていいかわからない

結婚一年余の主婦です。ことし六三歳になる姑の威圧的な話し方が、とてもつらく感じられるようになりました。新婚のころ、お総菜の作り方を教わり、家に帰って作ったところ主人もとても喜んでくれました。そのことを報告すると、「気をつかって、おいしいといったに決まっている。そういうときは、材料をもって来て、お母さま教えて、っていうものよ。そういうのが、かわいいお嫁さんよ」といわれました。その他、事ごとに「あなたと仲よくしたい」「本当の親と思って慕って」といわれます。姑に対する優しい気持ちもだんだん薄れてきそうです。

このごろは週末に夫婦で行く程度です。姑自身は「姑経験」がありません。私も大人として何とかうまくと思うのですが、どう自分を整理してよいのかわかりません。

（杉並区　D子　二八歳）

●寂しさからの皮肉。電話だけでもこまめにかけて

人間には「相性」というものがあって、たとえ親子でも嫁姑でも、歯ぐるまの食いちがう人と仲よくしようとするのは、努力もいるし疲れるものです。あなたの場合はまだ結婚一年余とのこと、あなたにもお姑さんにも、お互いに心がゆれ動いている最中だと思うのです。

ただ、私にもわかることは、息子さんとあなたの結婚によって、お姑さんが確実に、「寂しくなった」ということです。その寂しさが、優しい言葉のかわりに皮肉になって表れることもあるのだ、ということをわかってあげてください。

長時間の訪問は週末だけにしても、電話だけでもこまめにかけてあげてください。古くさい考え方と思うでしょうが、お姑さんは、あなたの大切なご主人を産んでくださった方ですものね、サービスしてね。

56 週に一度しか洗濯しない嫁が腹立たしくて病気になりそう

「スープの冷めない」距離に長男夫婦が住んでおります。私ども夫婦とは、仲よく暮らしております。小学高学年の二人の孫も祖父母を大切にしてくれます。

私には、どうにもならない悩みがあります。それは嫁が物にこだわらない性格で、真夏でも、洗濯を一週間に一度しかしないのです。その間、息子の物も、孫の下着も、いっさい干しません。

二、三度注意をしましたが、まったく改めようとしません。息子からもいわせましたが、ぜんぜん耳をかしません。なにしろ、朝きちんと洗濯物を干しあげるという考えがないのです。

夫はあちらの家庭のことはほっておけと申しますが、私はストレスがたまって、病気になりそうです。どういうふうに考えたらよろしいでしょうか。

（豊田市　主婦　六一歳）

●各家庭にルールがある。あなたには関係ない

「ないものねだり」という人間のわがままは、どんなとき発生するのか？　それは、あまりに平和で幸せな生活になれすぎた場合に起きるのだと、私は思っています。

あなたの悩みとやらもいささかそれに近いにおいがするのですが……。ご長男の家と「仲よく暮らしております」という口の下からお嫁さんへの不満が頭をもたげてくるのが、その証拠ですね。

各家庭によってルールはそれぞれちがうのですもの、洗濯をしようとしまいと家庭が円満ならばけっこうなことで、はたからとやかくいうことではないでしょう。

つまりあなたにはカンケイないのですから、そんなことで悩んで病気になってはつまらないではありませんか。あなたの流儀はあなたの家でのみ通用させることですね。

57
子供にはテレビを見せたくないが、姑がスイッチを切らないために……

子供の担任の先生が家庭訪問にみえて、最近の子供はちゃんとした言葉を遣わないで、テレビに出てくるギャグばかり口にする、といわれました。授業中も、テレビの主人公の名前がたまたま出ると大笑いになって、授業が中断してしまうそうです。

私は子供にあまりテレビを見せたくないほうなので、先生の気持ちがよくわかりました。食事のときなど、とくにうるさくテレビのスイッチを切るようにいってきました。主人もそれに賛成です。ただ、主人の母が食事中でも平気で見ているのです。切るように頼んでも、やめてくれません。

たまりかねて、私は自分と子供二人分の食事を別の部屋に運んですませます。むろん母はテレビを見続けながら一人で食事をするのですが、毎日のことなので子供たちによいのか悪いのか、思案にくれています。

（岩手県　主婦　三四歳）

●姑と別居してでも、わが家の憲法を守れ

お宅のボスはどなたですか？　ご主人ですか、お母さんですか、あなたですか？　もし、ご主人なら「食事中はテレビを切ります」と、お母さんにきちんといってもらったらいかがでしょう。でなければ、もう一台テレビを買って、お母さんに別室で見てもらい、もちろん食事はご自分の部屋に運んでいただきます。それも「ノー」なら、お母さんと別居です。

私は仕事がらテレビにも出演する人間ですが、テレビのある種の番組が青少年に悪影響どころか害毒を与えていることに憤慨している一人です。子供に見せたい番組以外はテレビに「カギ」をかけるとか、テレビを置かないとか、よほどの大手術をしないかぎり、この弊害を排除することはできないと思います。

よそのお宅がどうであろうと、お宅はお宅。あなたは断固として、「わが家の憲法」を守ってください。ご奮闘を祈ります。

恋愛——うまくいっても新たな悩みが……

58

食事中クチャクチャ音をたてる彼にがまんできない

ちょっと郷ひろみに似た男性と、婚約しました。わたし二四歳。東京都文京区の小さなデザイン事務所で一般事務をしています。

相手は、千葉県の地主の次男で二九歳。墨田区内の運送会社の人事部にいます。私の母方の叔父の紹介で見合いして、彼も気に入ってくれ、ことし六月に話が決まりました。とても男らしく、私にはもったいないほどの相手です。

でも、でもでもです。食事のとき、彼がクチャクチャと口の音をたてるのが、だんだん気になり始めました。

職場の友だちに打ち明けても「バカねえ、そんなことで」と取り合ってくれません。でも、私にはどうもあの口音が生理的にがまんできません。人柄はとてもいい人だと思いますが、一生つきあう相手だから、いつかがまんできなくなる日が来るかもしれません。私はぜいたくな女でしょうか？

（練馬区　M代）

●結婚してからでは遅い。今のうちに注意して直させる

食事のときの、いわゆるイヌ食い、口音をたてる、この二つほど見苦しいものはありません。まったく百年の恋もさめる、という感じです。アメリカではこういう人を、ノーマナーどころか、ノークラスといって軽べつします。

案ずるより産むが易し、といいますが、彼とごく親密な間柄なら、食事中に「その音だけが玉にキズ」と、ざっくばらんにおっしゃってみたらどうでしょう？　結婚してしまってからでは遅いと思います。

それでなければ、交通公社〔後に新潮社〕から出版されている「スマートな日本人」（サトウサンペイ著）という文庫本を、何げなく二人で読んでみてはどうかしら？　マンガ入りで、マナー全般にわたる楽しい本です。夫婦生活はほんのちいさなことの連続と積み重ねです。お互い、今のうちに十分話し合って、後悔のない結婚をしてください。

59 女性の扱いが苦手で、いつも「お兄さんみたい」で終わる

「お兄さんみたいに優しい人ね」と、女性からいわれるたび、最近ではガク然として、激しい自己嫌悪に陥ってしまいます。

大学を卒業して五年。名の通ったスーパーで、仕事も一応覚えました。そうハンサムでも野性的でもありませんが、標準的な男だと、自分では思ってきました。ところが、姉も妹もいないためか、女の人の扱いがとても苦手で下手です。好意らしきものを持ってくれる娘さんと食事をしても、映画を見ても、夜の公園を散歩しても、それ以上には進まないのです。そして「お兄さんみたい……」と終わってしまうのです。

ぼくは女性的または中性的なのでしょうか。スポーツはラグビーとバスケットをやっています。あるいは、性的な衝動が強すぎるせいでは、と悩んでいます。将来結婚できるでしょうか。

（鎌ケ谷市　A男　二七歳）

●鳴くまで待てば女は逃げる。ホント面倒みきれないヨ

いまどき、あなたのような、よくいえばナイーブ、悪くいえばカッタルイ男性が存在するなんて、まったくもってオドロキ……。いえ、それよりさきに「面倒みきれないヨ」といったところです。

はっきりいっちまえば、あなたには男性としてのイットちゅうもんが欠けてる、というところでしょうか。第一、将来、結婚できるでしょうかなんてことは自分で判断することで、他人に相談してもはじまらないのでーす。

「鳴かぬなら鳴くまで待とうホトトギス」なんてノンビリしているうちにオジンになってしまいます。「鳴かぬなら鳴かしてみせようホトトギス」と、秀吉さんにでも見習ってせいぜい努力すること。ホント、面倒みきれないなァ。

60

とても醜い容貌のため女性と交際もできない

私は、大変醜い容貌《ようぼう》をしています。鏡を見ていても、そのあぶら顔が、自分ながらほとほといやになることがあります。ちいさな目が奥に引っ込み、そのくせ顔だけは人一倍大きいのです。

女性と話す機会がありますが、相手の人が私のほうを見ると、たまらなくなります。私の醜い目や口が、私の心の中にいっぱい広がって、相手にどんなに不快な思いをさせているのかと考えるからです。

郷里の女性なら気分的に楽だろうと思いましたが、やはりだめでした。夜の町の女性と会ったときにも、相手が一瞬驚いたような顔で私を見つめ、私をがっかりさせました。

劣等感が凝り固まっていると自分でもわかるのですが、どうしようもありません。結婚はあきらめようと思いながらも、助けを求めたい気持ちです。

（豊島区　男性　三二歳）

●急いで結婚する必要なし。まず一芸を身につける勉強を

正直いって、お気持ちがよくわかるだけに、お返事のしようがなくて困りました。それで、もし私だったらどうするかしら？　と考えました。私だったら、もうメチャクチャに勉強をしてしまいます。趣味があったらその趣味を生かしてもいいし、とにかく一芸を身につけてプロになってしまう。それもちっとやそっとの腕前ではなく、この人ならでは、というところまでがんばります。何事も道を極めるのは至難のわざでしょうけれども、三二歳という若さが何よりの強みです。

そして、結婚については「急いで結婚する必要はない。結婚は果物と違っていくら遅くても季節はずれになることはない」（トルストイ）という言葉を信じます。

暗い気持ちは、表情まで暗く、人を不安にします。いつもやわらかい笑顔を忘れずに――。

61 彼はどうやらマザコンらしい。婚約を解消しようか、それとも……

婚約して三ヵ月になる彼について最近、疑問に思える点が出てきて、婚約を解消しようか、もう少し交際してみるべきか、悩んでおります。

それは、彼が二九歳にもなるのに、流行？ のマザコンらしいことがわかったのです。「このスーツはママが三越で買ってくれたんだ」「船での旅行？ ママに聞いてみるよ」と、ママ、ママが多すぎるのが気になるのです。

一人息子というのは、そういうものでしょうか。東大を出て、世に名の知れた会社に勤めている人です。その会社は、私の勤め先に近く、地下鉄で大きな荷物を三つ抱えて困っていたとき、手助けしてくれたのがきっかけで知り合いました。優しいのです。一度そのママに会った印象は、そう悪くはありませんでした。でも、鼻につくのです。「ママ」が。

（港区　H子　二四歳）

●交際を続けながら少しようすをみる

私の友人にも、夫のマザコンに悩まされたあげくに、夫と母親がひとつ布団の中に入っているのを見て、ついに離婚した、という例があります。

この例は少々ゆきすぎかもしれませんが、おっしゃるように一人息子にはマザーコンプレックスが多いようです。あなたの場合は、手助けをしてくれた彼の優しさを思うとマザコンも病的なものではなく、仲のよい母子なのかもしれません。

もし、私があなただったら彼ともう少し交際を続けながら、進んで彼のお母さんともつきあって、ようすをみるでしょう。

結婚という一生の大事のためには、自分自身が納得するまで、自分で努力してみるしかないと思います。そのために、交際期間がどんなに長くなっても、いいではありませんか。

62 童貞の男性にしか興味のない三四歳の結婚したい女

無職の独身女性。結婚に夢のようなあこがれを持っていますが、現実に何かそうなるための具体的な行動を、となるとなかなか一歩を踏み出せません。聞き分けのよい親は無理強いをしないので、いままで見合いは一度もしたことがありません。

これでは、キリがないから結婚相談所へ行こうと覚悟していたら、母に「相手が再婚でもこだわらないようにね」といわれて、腹が煮え繰り返るほど悔しい思いにかられました。母にしてみれば、一度、結婚に失敗している男性の方が、人間が練れている、というつもりらしいのです。

ところが、私の本音は、再婚どころか、童貞であるという証明書をつけた男としか結婚したくないというところにあります。こういう考えでは、一生結婚することができないのでしょうか？

（世田谷区　P子）

●結婚はシビア。童貞より人間の内容を第一に

いいにくいことをいわせてもらえば、あなたは年ばかり取っちゃったけれど、かなり幼いようですね。お母さんに「相手が再婚でも……」といわれて「悔しい」というのが証拠。再婚でも幸せになっている人は大勢いますし、第一、現実の「結婚」は、あなたが考えるような夢やあこがれとはほど遠く、ずいぶんとシビアなものなのです。

ところで一一、二歳の坊やと結婚するならともかく、三四歳のあなたに釣り合う年ごろの男性で、童貞の証明書を持った人なんてのが、この世にいるでしょうか？ もしいたとしても、精神か肉体のどこかに欠陥があるとか……いずれにしてもキモチワルーイ気がします。

童貞であろうがなかろうがそんなことより「人間の内容こそ大切なのだ」と、考えを変えないかぎり、あなたは一生結婚できないでしょう。よーく考えてみてくださいよ。

63 看護婦と結婚したいが、気が弱くて焦っている心臓病の男

四四歳にもなって、こんな相談とは、自分でもなさけない話です。まだ独身で、いま心臓病で入院しています。連日、看護婦さんのお世話になっていまして、ある三〇歳くらいの人に好意を持ってしまいました。ところが小生、内向的で交際下手で、融通の利かないまじめ男。女性の気持ちがわかりません。そのくせ、相手が自分のことをどう見ているかが、しきりと気になります。

財産もなし、男前にも自信がありません。労働者だからエリートでもありません。若い時代も、女性に何度も一目ぼれしましたが、アタックする勇気のないまま、この年になってしまいました。しかし、一生独身ではいられないと思っています。他人が聞いたら、笑い飛ばすかもしれません。この年で、看護婦さんとの結婚など、考えてはおかしいでしょうか。

（足立区　KM生）

●ナースと患者の間は慎重に。退院してから再考を

いまの世の中に、あなたのような心優しい男性がいるものか、とビックリしました。なさけないとは思いませんし、笑い飛ばすなんてとんでもありません。結婚を考えるのも、至極当然、年など関係ないし。

病室での患者と看護婦の長話は、はた迷惑でしょうから、まずポツポツと時間をかけ、当たりさわりのない話題を見つけて、おつきあいを重ねていくことです。

以心伝心という禅から来た言葉があります。あなたの好意と善意を先方が感じたとき、なにかの反応があると思います。

ただし、です。看護婦という職業は、患者に平等に親切であることをモットーとしています。くれぐれも誤解のないようにしてくださいね。人間、病気のときは心も病んでいますから、そういう大切な問題は、退院して、心身ともに健康になってから考えるのが、理想的だと思います。

64 相手の欠点が見えすぎて交際がつづかず、結婚もできない

恋は盲目といいますが、私はその反対で困っております。

これまでも何度か男性とおつきあいをし、結婚を考える場合もありましたが、でもだめなのです。それは私がすぐに相手の裏側を読んでしまうからです。

初めのうちは、相手のいいところに引かれるのですが、そのうちに相手の欠点ばかりを探そうとしているのに気がつきます。しかもその欠点に大変厳しく、まもなく相手に対する興味までが薄れるのです。

何回かそうしたことを繰り返すうちに、私には恋ができないのではないかと思うようになりました。

私の望みが高いのか、あるいは計算高いのか、このままでは結婚さえもできないのではないかと、思うようになりました。

私のそうした欠点をふみしだいてくれる男性は出現するでしょうか。

（国分寺市　ＯＬ　二四歳）

●望みが高いのは当然。まず男性にほれることから

「結婚前には両目を大きく開けて見よ。結婚したら片目を閉じよ」というイギリスのトーマス・フラーさんの言葉ははけだし名言。完全無欠な人間と完全無欠な結婚ができるなんてことは、まず、皆無でしょうね。と、イジワルみたいなことをいいましたけど、ガッカリしないでください。

男性とちがって、女性にとっての「結婚」は生涯の賭けともいえる一大事ですもの、望みはいくら高くてもいいし、計算高くなるのも当然です。

まだ若い二四歳のあなたに、果たして男性の裏側まで見通すだけの目があるかどうか、ちょっと疑問ですが、私のような古オバンから見ると、あなたはまだ男性に「ほれた」ことがない、というだけみたい。

恋も結婚も、まず「ほれる」ことから始まるのでーす。

世間——とかくに人の世は住みにくい

65
先祖の土地を守るべきか、新しい土地で心機一転すべきか

横浜市とはいいながら西部地区で農業をしていた夫の両親が亡くなった後、その家を継ぎました。ほかの兄弟より少し多くもらった家屋敷でも食べてはいけず、つきあいの出費もばかにならず、夫も私も勤めに出るようになりました。

それに、この家に移ってから次々といやなことが起きました。夫の一方的な過失による交通事故。ケガで半年入院し、その看病で私も失業。私の不注意でボヤ。小学校六年の娘が二階から転落して、いま入院中です。冠婚葬祭や近所のつきあいもおろそかになり、悪いうわさの的にされ……。

貯金もほとんど底を突きました。相続した家屋敷が広いので、苦しくともここでがんばって先祖を守っていこうか、それとも全部売り払って新しい土地で心機一転しようか、夫とふたり迷っています。

（主婦　四〇歳）

●一度しかない人生。家屋敷を売ってサッパリと

人のうわさも七五日とかいいます。うるさい近所の口なんか関係なし。大切なのは、亡くなったご先祖さまより、現在生きているあなた方ご家族が、本当はどうしたいのか、です。

嫌気のさした先祖の家でがんばってみたところで、先祖を守ることにはならないでしょう。土地に愛着があるなら等価交換でアパートでも建てて、そこに住むなり、別の場所に住んでアパートを貸すなり、と方法はいろいろあるじゃありませんか。それと、ご主人のご両親の家なのですから、まずご主人の意見を尊重するのが、あなたのつとめでしょうね。

私だったら、なにもかも売り払って、そのお金で新しい土地に移ってサッパリとした気持ちで暮らします。ぐずぐずしていても、はじまりません。一度しかない人生ですもの。ただし、絶対に後悔をしない覚悟も必要です。

66 助けて！ クラス全員から突き放され、気が狂いそう

中学二年の女の子です。学校に通えば通うほど、気が狂いそうです。友だちができないのです。

一年のとき、明るくまじめな女の子と知り合ったのに、二年のクラスがえで別れわかれになりました。同じクラスに一人友だちができたのですが、その子のグループの話題はアイドル歌手のことと先生の悪口！ 絶えずだれかをバカにし、悪口をいったりするグループがいやで、つきあわないようにしました。

ところが、今度は私が悪口の格好な目標にされています。

そのグループはクラスで大きな勢力を持っていて、私はクラス全員から突き放された感じ。おはよう、と声をかけても返事はなく、陰でコソコソと悪口をいわれ、気にしちゃあいけない、と思いながらも学校へ行くのが怖くなってしまいました。助けて！

（浦安市　Q子）

●無視されてもかまわない。自信をもてばいつかすてきな親友が

人間にとって、信じ合える友人はなによりも大切です。そして、悪い友人を持つことは、なによりのマイナスだ、と私は思っています。ですから、あなたも強いて友人を作らなければ、とあせることはないのです。無視されようと、悪口をいわれようと、自分に自信があれば、それでいいではありませんか。

第一、学校は勉強するところでしょう？　もしも私だったら、無視してもらった方が、気が散らずに勉強ができて大いにけっこう、とタンカのひとつもきりたいくらいなものです。中学校はいちばん大事な学校ですもの。

いまの学校は、遠からず卒業でしょう？　高校、大学、と進学するのかどうか知りませんが、いつ、どこで、どんなすてきな親友に出会うかわかりませんよ。そのときを楽しみに、がんばってください。

67 親友のセールスが強引なため、友情も壊れノイローゼに

家族ぐるみで二五年間親しくしてきた友人がいます。二人とも同じ会社のOLでした。帰るときも一緒、休日には二人で映画、と仲がよく、両方が結婚して子供ができても、親せき以上の交際が続きました。

彼女が自然食品のセールスを始めました。すると、無二の親友だった彼女の態度は急変しました。朝夕、電話してきて、話といえばすべて品物の説明だけ。なにしろ、五万円以上のセット。それを毎月買え、です。断ると、強引な上司を連れてくる。私はすっかりノイローゼになりました。

友情って一体何だったのでしょう。老人になったとき、旅行をしたり息子やお嫁さんの悪口をいったり、本音でつきあえる人、死ぬまで大切に、と思っていたので、ショックも大きく残念です。品物と関係なく、友情を取り戻す方法は、ないものでしょうか。

（国立市　主婦　四五歳）

●友情が大切ならば本音で意思表示を

あなたがノイローゼになっている、などとはつゆ知らないお友だちのほうでは、仲のいい親友のあなたが、なぜ自然食品のセットを買ってくれないのか？　と不満に思っていることでしょう。

二五年のつきあいであろうが、五〇年の親友でも、人間には思いがけない感情の行き違いがあるものです。

その人と本音でつきあいたいと思うなら、まず、あなたの方からハッキリと本音を意思表示することです。電話でいいにくければ、あなたの思いをざっくばらんに手紙に書いて、先方に伝えたらいかがでしょう？　それで壊れるような友情なら、壊れたって仕方がないじゃありませんか。あなたの人生の中の、ひとつの経験、勉強だと思ってあきらめることです。

一〇年たって昔の友情が復活する、なんてこともありえます。それが世の中というもの。明日から、もっとリラックスしてノイローゼなんか、はねとばしてください。

68 私の善意を喜んでいた隣人が悪口を並べたてた。なぜ？

団地の隣人のことで、最近大きな失望を感じてしまいました。

その奥さんは、大変不幸な人なのです。二番目のお子さんが脳性マヒ、実家のお母さんが脳軟化症で、自宅と他家の区別がつかないほど。ご主人が自動車のもらい事故で二ヵ月も入院したり、親類のことでもめごとが起きたり、次から次へと何かに悩まされます。

その都度、私は胸のうちを聞いてあげて、気持ちを明るく持つように激励し、急場のお金の困っているときは、貸してあげてもきました。彼女も心から私の善意を喜んでいたようでした。

しかし、その奥さんが別の知人に私の悪口を並べたてていることを知り、がく然としました。おせっかいをしたつもりはまったくありません。無償の愛、無条件の親切を考え、見返りを求める気持ちもありませんでした。なぜ、なのでしょう。

（大宮市　主婦　三八歳）

●親切は慎重に。頼まれなければ絶対しないこと

私は生まれつきおせっかいな性分なのか、困っている人を見るとなにがなんでも力になってあげたい、親切にしたい、と思う人間です。

でもね、親切というものは悪いことではないけれど、これがなかなかむずかしい行為で、こちらがよかれと思ってした親切でも、相手にとっては迷惑だったり、逆に恨まれる場合もあったりで、せっかくの好意も悪意にとられることさえあります。

「見返りを望んでいないのに心外」とのことですが、もしかしたら、あなたの善意の中に隣人の不幸に対する優越感がチラリとのぞいているのではないでしょうか？

とにかく頼まれたことを一生懸命してあげることはよくても、頼まれもしないことは絶対にしないこと。それが本当の親切というものでしょう。親切の押し売りだけは、いかに善意でもいただけません。

69 茶道の先生の道具を傷めてしまい、けいこどころではない

変なご相談ですが、どうか笑わないでください。趣味に茶道を習っています。最近、先生のけいこ場で大切な道具を傷めてしまいました。水屋のうえに広げてあったふきんをとろうとして、水差しの塗りぶたを下のスノコに落とし、一部を欠いたのです。

先生（女性）はおおらかな立派な方で、何の弁償も求めず笑ってすまされました。けいこ用に安物を使わせてくだされればよいのに、日ごろから大切に扱うように、と高価なものでなさるのが先生のお考えです。せめてもの償いに三万円送りましたが、返金されました。

これからもけいこを続けたら、そこつ者の私はまた失敗しかねません。つい肩に力が入って緊張し、胸がドキドキするのです。やめてしまおうか、とまで思いつめて精神修養どころではありません。どう考えればよいでしょうか。

（練馬区　J子　四八歳）

●先生の善愛を信じ、けいこを続けたら

形あるものは、やがて消滅します。だからこそいっそういつくしみ、大切に扱わなければならない。これが茶道の心得というものでしょう。人の命とどこか共通している、と私は思います。

「けいこ用に安物を使わせてくれればいいのに」と、あなたは不用意にいいますが、人間の命にもふだん着やよそ行き、けいこ用の安物の区別がないように、「この道具は安物だから気が楽だ」と、ぞんざいに扱えば、けいこも自然にぞんざいになる。私も先生のお考えに大賛成です。

道具は、壊したら弁償すればよい、というものではありません。万金を積んでも、元に戻ることはないのです。笑ってすまされた先生の深い心をくみ取れないのですか——と、つらいことばかり書きましたが、この世に失敗をしない完全無欠な人間はいません。肝に銘じて、おけいこを続けたらいかがですか。

70 偽善で成立する人間関係に教師の妻として耐えられない

教師の妻です。団地生活三〇年で、やっと隣近所と仲よくつきあうコツを覚えました。それは大変悲しいことに、偽善者になることです。人に好かれるには相手に十分な優越感を与えて自分は貧乏、不幸ぶり、それにめげず明るく生きる演技をすればいいのです。

夫や子供、出身学校の自慢は、もっとも嫌われます。着物や家具調度が立派でも、団地では嫌われます。逆に貧乏に打ちひしがれて、ひがみっぽくてもイヤがられます。心をそのまま外に出す人は嫌われ、偽善（うそ）が歓迎されるのです。ただ、この偽善を見抜くのが、子供たちです。彼らの心は、ごまかせません。教師の妻として、心苦しいところです。まだ、非行や暴力へ走るほどではありませんが、親や教師の偽善が若い人たちの心を荒廃させたことを考えますと、なおさら悩んでしまいます。

（平塚市　N代　五八歳）

●偽善に生きるより正直に生きたほうが……

「人間」とは、人の間と書きますが、まったく人の間で生きて行くのは、大変なことですね。五歳で映画の子役になって以来、人の間で、もまれ抜いて生きてきた私には、あなたの悩みが痛いほどわかります。

私が嫌いなのは、「嘘《うそ》」と「お世辞」です。いうのも、いわれるのも大嫌いですが、世の中の大半の人々はこの二つを、人間関係の潤滑油として大いに活用しているようです。でも私は、自分に正直でありたいと、この二つのタブーを守ろう、とがんばってきました。

「愛想がない」の「かわいげがない」のといわれますが、私はへっちゃらです。

いいたくないこと、心にもないことは、口を閉ざしていわないこと、です。せいぜい「無口な人ねえ」と気味悪がられるくらいが関の山。それでも、あなたを認め、信じる人は、ちゃんと残っていく、と私は思うのです。

71 病気休職中、上司の冷たい言葉やイヤミが悔しい

私は昨年五月、悪性しゅようの疑いありということで、結局、四ヵ月近くの入院生活を送りました。現在も二週間に一度の通院と三ヵ月に一度の検査と抗しゅよう薬による化学療法のため二週間ほどの入院を必要としています。

この三月に休職期間が切れることと、毎日家にいてもロクなことは考えないからという医者のすすめもあり、職場に復帰するつもりでおります。

しかし、会社へ電話をするたび、上司たちからイヤミやちょっときつい言葉をいただきます。

仕事が厳しいのは当然だと思うし、病気に甘えてはいけないという覚悟もあるし、イヤミもへたな励ましよりはかえってファイトがわくと考えるようにしています。が、頭と感情は別。涙がうかぶときもあります。強く生きるアドバイスを、お願いいたします。

（中野区　T子　三二歳）

●会社はあなたを必要じゃない？　転職も一つの方法

「病気」という字は気を病むと書きますが、体が病むと、同時に精神もまた大きな影響をうけます。

神経過敏になっているあなたに、イヤミやきつい言葉で接する上司たちには他人の私でも怒りを感じますが、もしかしたら、会社にも会社の事情があるのか？　とも考えられます。はっきりいえば会社は「あなたをもう必要としていない」のかもしれません。

いっそのこと、いまの職場に復帰するのを断念して、ほかの職場を見つけたらいかがでしょうか。

私ならたぶん、そうすると思うのですが。

72 社宅のマンションが騒がしくて気が休まらない

一階が店舗のマンションに住んでいます。そのために人の出入りが激しく、夜も一二時過ぎまで騒がしいので、なかなか寝つけません。また隣は水商売の女性がいて、毎晩のように酔っぱらった男性が訪ねてきます。時折、間違えてわが家のブザーを押すため、夜中に起こされるはめになります。重ねて、上の階には小さな子供が四人もいるため、朝は七時前から夜は一〇時過ぎまで、頭の上でドタンバタンが続き、気の休まるときがありません。

それぞれに事情を話してみたのですが、改善のあとは見られず、睡眠不足の日が続いています。

引っ越したいと考えても、借り上げの社宅のためそうもいかず、またどこへ移っても多少は問題があると思います。心持ちを変えて、何とか切り抜けようとしているものの、すぐにつまずいてしまいます。

（東村山市　A子　二五歳）

●やがてノイローゼに。一日も早く移転を

私も騒音には弱いので、あなたのつらさがよくわかります。

騒音の中にいると神経がさかだってイライラし、寝不足がこうじてヒステリーが起き、やがてはノイローゼという病気にかかるだけがオチ、バカを見るのはあなただけ、ということになるでしょう。いくら心持ちを変えたところで、まわりの騒音は消えませんよ。

社宅だから引っ越しもままならない、とのことですが、たとえばニセの病気になって「入院」というテを使ってでも、その部屋から逃げ出して移転することをおすすめします。

経済的なことや少々の不義理は取り返しもつきますが、あなたが病気になってしまっては元も子もないのですから、一日も早くその部屋からとび出してくださいね。

73

信じていた隣人に秘密をいいふらされて憎悪の気持ちが……

団地に住んで五年になります。

私には、人にふれまわられたくない秘密がありますが、この人だけにはとつい気を許したところ、たちまち話は広がってしまいました。彼女を信じていただけに、いまでは憎悪に近い気持ちが生じています。

私には、私がこれだけ好意を寄せているのだから、あの人も、と思う悪いクセがあります。要領の悪い、人づきあいのへタな一本気なところがあります。

彼女の子供と私の子供は遊び仲間で、彼女との関係を絶つと、子供を巻き添えにする結果になりそうです。

しかし、一方でカゲ口をきいて、一方では平気な顔で私に接触してくる彼女の感覚がわかりません。

気を許してはいけないのだと、いつもガードするようになった自分に、息がつまりそうです。

（栃木県　S子　三〇歳）

●いいふらされて当然。不用意な言葉は慎んで

人に知られたくない「秘密」とはどんなことなのか、かんじんのところがわからないので、お返事のしようがありません。

ただ、あなたにとっては大変な秘密でも他人にとってはちょっと興味のあるうわさ話にしかすぎないかもしれません。彼女なる人もたぶんそんなつもりだったのでしょう。人のうわさも七五日とかいうではありませんか？

一度口から出した言葉は、再びのみこむわけにはいきません。というより、いったん口に出した以上は人にふれまわられても当然、と思わなければならないでしょう。私自身にもなんどかそうした苦い経験がありました。

お互いに、不用意な言葉は慎みましょうね。

74 毎年、自分だけがＰＴＡの役員を押しつけられ割り切れない

ＰＴＡの役員になり手がなく、毎年のことながら困っています。ことに会長ともなると、できれば男性をということになり、自営業の方が目をつけられます。ところが、そういう方は自治会長、子供会長、安全協会長などの奉仕的な仕事を大抵、引き受けておられて、そのうえＰＴＡまでも、と断られるのはもっともなことです。

役員に限らず、各種委員、委員長などの選出となると、だれもが断る口実探しに躍起になっているのが実情です。やむなく、くじ引きになれば、当たった人が腹を立てて委員会に出てこなかったりします。

ウソがつけず、口実の下手な私は、運も悪くて、小、中、高校生の息子たちのどこかで毎年ひっかかり、割り切れない気持ちで委員、役員をしています。だれもが納得できる妙案はないものでしょうか？

（小田原市　主婦　四〇歳）

●主体性のないＰＴＡは考え直す時期

戦後教育がどう見直されるかは別として、これは子供を持つ親たちの共通の問題でしょう。ＰＴＡも同じだと思います。学校教育に口ばしを入れるＰＴＡはまったく必要ありませんし、お義理の集会など、なんの意味もありません。はっきりいってしまえば、役員のなり手もないＰＴＡなどはやめてしまえばいいのです。

登校、下校の子供たちの安全を守る案を練るとか、町の清潔、公衆や個人のマナーとか、それを子供たちに、どうやって教えようか、というような問題は、六ヵ月に一度くらいの自発的な会議ですむことだと思うのですが、どうでしょうか？　「隣がそうだから、うちもそうしなければ」という、日本人の、よくいえば義理堅く、悪くいえば主体性のない考えは、そろそろやめにしたいですね。

75
戸籍名が気に入らなくて勝手に改名している

私の戸籍名は、チイといいます。生まれは栃木県です。そのころは祖父に命名権があって「知恵のある子になるように」という彼の願いはうれしくても、エがイになってしまって、私の人生がおかしくなりました。栃木県ではエをイと発音するのです。

小学校五年のとき、担任の先生がニヤニヤと軽べつの目で、私の名前を何度もからかったのを忘れることができません。子供心に、あのときから屈辱の名前を恨むようになりました。病院や役所で「テイさん?」「何て呼ぶの?」と聞かれ、私は少女のころから勝手に千恵子と改名しました。預金通帳から生命保険まで、戸籍に関係ないところではすべてそうしてきて、私の本名を知る人は数少ないのです。最近、友人に打ち明けたら「あなたが二人いるみたいで変だ」と。私は世間をあざむいていますか?

(江東区　千恵子　四〇歳)

●大げさに考えずに二つの名前を使い分けて……

昔の江戸っ子は、ヒをシと発音しました。ですから私はよくヒデ子でなく、シデ子と呼ばれました。

あなたは、エがイになってしまったことで四〇歳の今日まで、人生がどんなふうにおかしくなったのです？　生きて行くために差しさわりでもありましたか？

私は本名と芸名のふたつを使い分けています。外国ではミス・タカミネ、ミセス・マツヤマと両方の名前を呼ばれます。たとえば作家の中にも、たくさんのペンネームを使い分けて仕事をしている人がいます。あなたも、ちょっと作家気取りで、戸籍上はチイ、通称は千恵子、と名前をふたつ持ったらいいではありませんか。世間をあざむくなんて、そんな大げさなことをおっしゃらずに。

名前なんてのは、しょせん記号みたいなもので、真剣にこだわるほど重大なものではない、と思うのですが。

76 近隣のピアノの騒音で、毎日が憂うつ

近隣の騒音のことでご相談いたします。

ネコの額ほどの土地の一戸建てに住んでいますが、窓をあければ人の話し声も筒抜けの距離です。相手方の窓の近くにピアノが置いてあるため、毎日毎日が憂うつでなりません。以前、四、五時間も続けて弾かれたときは、たまらず時間を短くするようお願いして短くはなったのですが、高校生の子供さんが弾いているので、とても力の強い曲だと、一日中聞こえているような錯覚さえします。

なんとか音を小さくできないものかと頼んだのですが、話に応じる気がまったくなく、反対に居直られてしまいました。第三者の方に話をしてもらいましたが、相変わらず強気で、こちらとの話し合いはもてませんでした。一方的に今も弾いていますが、よい解決策はないものでしょうか。

（熊谷市　F子）

●市民相談室など第三者に相談を

第三者とはどなたか知りませんが、そんなことでは到底ラチがあかないでしょうね。

まず、はじめに市民相談室へ行って事情を訴え、その指示が妥当だと思ったら即、実行すること。

もし市民相談室がなければ、警察に「訴える」のではなく相談をして、指示を待つこと。そのどちらかで解決策が生まれると思います。

常識からいってもそうした場合は、相手が防音装備をするべきだと思いますよ。

こうした問題は当事者同士だとかえってこじれますから、こういうときこそ市民相談室か警察に手伝ってもらいましょうよ。

77

いたずら電話でノイローゼ気味。よい知恵を

二七歳のＯＬ。中古マンションの六階に住んでいます。このところ夜の怪電話に振りまわされています。

部屋へ帰ってくると、きまってベルが鳴ります。受話器を取ると、相手はだんまりの一点張り。気味が悪くて、すぐ切ると、またベルが何十回も鳴ります。取ると、やはり黙っている。送話口を手のひらで押さえているらしく、時どきゴソゴソと手のこすれる音がするだけです。

気持ちが悪いのは、私が部屋の明かりをつけるとかかってくることです。

相手は近所のアパートあたりから、こちらを見ているのかもしれません。でも、近眼の私にはそれを確かめることができません。

恐怖におののきながらベルが鳴れば仕事の相手かもしれないし九州の実家からかもしれません。すっかりノイローゼ気味です。よい知恵はないでしょうか。

（中野区　Ｕ子）

●まったく頭にきますね。でも、気にしない、気にしない

あなたのおっしゃる怪電話は「いたずら電話」として、NTTでも公表されているほどで、かなりの率のようです。電話のベルが鳴って受話器を取ると、なんの応答もなくプッンと切れるというヤツです。

私の家にも日に何回かかかって来ますが、深夜のいたずら電話はまったく頭に来ますね。あちらがだんまり、ということで、受話器をほうり出したまま用事をしたり、お風呂に入ったりしていると、いつの間にか切れています。

あなたの場合は、おっしゃるように近所からかもしれません。マンションへ帰ったら、まず窓のカーテンを閉め切ってから明かりをつけたらどうでしょうか。とにかく、気にしない、気にしない。かける方は電話料金を損するだけ。NTTが儲けるだけ。あなただけがノイローゼになってはつまりません。

78 一〇年来の近隣のいやがらせ。理由がわからず対処できない

いまの家に住んで一〇年になります。子供はありません。入居当時、ご近所へのあいさつも、私たちの両親とそろって、きちんとしました。が、なぜか住んだその日から陰湿ないたずら、いやがらせに遭ってきました。

子供が石を投げてガラスを割る。下水に生ゴミを詰めて、工事しないと排水できなくする。壁の外に突き出しているふろ場の排気口に土を詰め込む。郵便受けの箱を持っていく。洗濯物を汚す。干した傘を盗む。かわいがっている草木を踏みにじる……。

借地のなかに一〇軒のひさしが接するほど密集した建て売り住宅です。町会のこと、日々の道路掃除、荷物あずかりなど近所のつきあいはちゃんとしています。サークル活動の友だちと別れるのもいやで、ここを出て行く気はありません。子供がないからでしょうか?

（上尾市　主婦　三七歳）

●人に嫌われる要素あるかも。警察に相談を

一〇年間もいたずらやいやがらせが続いているんですって？　どう考えても異常ですね。よくがまんしていられる、と私はビックリです。

生活というものは複雑で、とくに近所づきあいはややこしいものですから、あなたは「することはちゃんとしている」つもりでも、どこか大きく抜けているとか、人に嫌われる要素があるのかもしれません。一〇年間も続けて理由のないいやがらせをするほど他人は暇ではないはずですもの。

たとえばテレビの音が高すぎるとか、飼い犬の鳴き声がカンにさわるとか、ささいなことでも大きな事件になる今日このごろです。なにか心当たりはありませんか？

サークル活動のお友だちに意見を聞いてみるのもいいでしょうし、いっそ警察に相談してみたらどうでしょうか。

79 従来の葬式はイヤ。自分の葬式はさわやかにしたい

ひところ話題をさらった伊丹十三の「お葬式」の映画をみて、老い先短い自分の葬式のことを考えるようになりました。かなりの数の葬式に、私自身も参列してきました。お坊さんと葬儀屋さんが儲かるだけの仏教式には、どうにも抵抗を感じています。参列者から高額の香典を集めるのも、人生の終わりに迷惑をかけるのが気に入りません。

火葬、埋葬は残った者の勝手ですが、初七日、四九日、一周忌、三周忌などと、その都度忙しい人たちを集めての飲み食いも、本人はもうお酒も飲めないのだから、迷惑です。

死んだあとのことまで、くよくよ思い悩んでも仕方がないかもしれません。しかし、なんとかさわやかな、涙よりも笑いにあふれた新しい葬式はできないものでしょうか。先生のお考えを聞かせてください。

（小金井市　S男　七四歳）

●「葬式せず」は私も理想。遺言を残すべき

まず、おすすめしたいのは、お葬式に関するあなたの意向のすべてを、遺言として残すことだと思います。それでもご家族が強行する場合は、ご家族を恨むしか仕方がありませんね。

私の理想は、第一に住みなれたわが家で死ぬこと、第二に通夜も葬式もしないこと、です。あなたのお考えはことごとくごもっともで、死んでからまで他人に迷惑をかけることを思うと、死んでも死にきれません。

でも、この世に明るいお葬式はありません。たとえば葬式はやめにして、一周忌にでも生前お世話になった方々を温泉に招待して、パッと華やかにやったらどうかしら？

一周忌記念の潮干狩、一周忌記念のピクニック、なんていいかもしれませんね。それもいっさい費用は、あなた持ちにするのです。どうです。カッコいいじゃありませんか？

コンプレックス——心のシコリがあなたです

80 あまりにくだらない男性ばかりで好きになれない。私は異常？

私の悩みをぜひ、聞いてください。

私は、最近、男性を見ていると、あまりの低能さにいらだちを覚えます。書店や電車の中でも食い入るようにエロ本や、スポーツ新聞のどぎつい記事を見ているし、学校の性教育の時間でも、男子は興味本位にしか聞いていません。アジアの多くの女性が貧しさゆえに売春にはしるのを、なぜ、喜んでばかりいるのですか？　なぜ、助けようとしないのですか？

結婚しても、男性はすぐ浮気をするし、なにかと奥さんに暴力をふるう。力の劣る者を見下し、自分が勝つことを知ってて暴力をふるい、女性はセックスの対象、または子を産む機械としか考えない男たちを見ていると、ゾッとしてしまって、絶対に男性を好きになれません。私は異常でしょうか。

（立川市　高校一年女子）

●絶望するな。ステキな男性も大勢いるゾ

あなたのいい分ごもっとも、私もまったく同感です。

でもね。ダメなのは男性ばかりじゃありません。たとえば低劣な雑誌などにオッパイやヌード写真を平気で撮らせる娘たち。独身時代の思い出にと海外くんだりまでマンハントに出かける女性たち。朝食もロクに作れない若奥さんたち。子供のしつけより、まず自分自身のしつけからはじめてもらいたいようなダメ母親たち。

謙虚さゼロ、マナーもゼロ、しゅう恥心もゼロ。ホントニ、ホントニ、キリガアリマセン。けれど、世の中は狭いようで広く、ピカッと光るステキな男性や女性もいます。

あなたもそんなに絶望せずに、ピッカピカの男性を見つけてください。

81

夜、「死」について頭がいっぱいになり、怖くてたまらない

高校三年の女の子です。昼間、友だちと騒いだり、何かに熱中している間は平気なのですけれど、夜、ベッドに入ると「死」について考えてしまいます。振り切ろうと思っても「人はいつかは死ぬんだ」という考えで、頭の中がいっぱいになります。

そうすると、怖くて怖くてたまらなくなります。最近では勉強しているときまでも、ふっとそのことを思ってしまうのです。

そして、何もかもがむなしくなり、勉強どころではなくなって、ぼう然とするのです。

一七歳にもなって、こんなことを考えてしまうのは私がまだ子供だからでしょうか？　とくに、夜の寝入りばなが、私にとっていちばん怖い時間なのです。起き上がって思わずスタンドをつけているときもあるほどです。どうすればいいでしょうか？

（和光市　T子）

●死を恐れるヒマがあったら、一生懸命に生きなさい

人間の死亡率は百パーセント。あなたも私も、いつかは必ず死ぬのです。泣いてもわめいても、この現実から逃れることはできません。でも、あなたも私も、死ぬまでは生きているし、死ぬまでは死なない。これも、ごく当たり前のことで、ちいとも珍しいことじゃありません。

人間はだれでも十代のころに一度は「死」について考えるようですが、あなたのように、いつやって来るかわかりもしない死を恐れて、ぼう然としていても始まらないじゃありませんか。死ぬのが怖かったら、一生懸命に生きることです。

スポーツ、ボランティア、近所のゴミ掃除、家事の手伝い……なんでもいいから身体を動かすこと、汗して働くことです。

つまり、いっちゃあなんだけど、あなたはヒマな人なんですよ。

82
ワタクシ盗癖あり。治したいが快感が忘れられず、今日もまた……

人にはいえないことで悩んでおります。それは盗癖です。

スーパーなどに行き、キャリアーを押しながら店内をまわっているうち、不意に心の中から「今だ。今がチャンスだ」という声が響いてきます。するとどうしようもない感じになって、いつの間にか、手が品物を取ってしまっています。無事にその店を出た後のスッとした感じが、なんともいえないのです。

実は一年ほど前、ある店で見つかり、そのときは許してもらえました。最近では、スッとする感じを得たいために、わざわざ遠くの店に行っているような気もします。

女子高時代に薬局でティッシュペーパーを盗んだのが最初でした。娘が一人できたことでもあるので、早く治したいと思います。どんな病院に相談すればよいのでしょうか。

（佐倉市　主婦　二九歳）

●心の中の問題。ご主人に告白するぐらいの荒療治を

盗癖は確かに一種の病気でしょうね。でも、病院へ行っても、薬を飲んでも治るものではない。要は、あなたの心の中の問題なのですから。

人間の心の中には、いつも「二人の自分」が住んでいると思います。あなたの心の中には盗みを否定するあなたと、盗みを肯定するあなたがいて、その二人にふりまわされている、ということでしょうか。

いつかはご主人にも知れるでしょうね。いえ、その前に、いっそ「ご主人に告白してみては？」というのは酷かもしれませんが、あなたの病気はそのくらいの大手術が必要かもしれませんね。

さしあたり、スーパーではなく、人目の多いデパートか小売店で買い物をするように。自分の悪癖は自分で治さないかぎり、どうにもならないと思います。

83 人づきあいがヘタクソで、気がつくと自分だけが孤立

三六歳の男性です。自分ではけっして性格的に暗いほうだとは思っていませんが、どうも人づきあいがよくありません。無口でもないと思うし、けっこう笑い話もするのですが、職場などでも、ふと気がつくと自分だけが孤立していることが、よくあります。

談笑している最中にも、相手があくびをかみしめているような気配をしめすと、私という人間がおもしろくないせいだと思って、責任を感じてしまいます。笑い話もサービスのために無理にしているような気もします。職場の笑い声を予想しながら、笑いのタネを仕入れているようなところもあります。

職場で孤立した感じになったときは、自分のサービスがむだに終わったような気持ちになって、どっと疲れが出てきます。三〇を過ぎてこんな相談はなさけないとも思うのですが……。

（春日部市　会社員）

●下手なピエロより、聞き上手に役割を変えて

あなたはどうして、そんなに「おもしろがられる人間」になりたいのですか？

職場というところは仕事をすることが大切なのであって、人づきあいの練習や笑い話をするところではないと思います。

もちろん、常時緊張感のみなぎる職場には、たまには明るく和やかな笑いも必要かもしれませんが、あなたは下手なピエロを演ずるよりはさっさと役を降りて、徹底的に「聞き手」にまわったらいかがでしょうか？

世の中には上手な話し手はいても、上手な聞き手はなかなかいないものですし、貴重な存在だと思うのです。

あなたがどんなにがんばっておもしろい人間になろうとしても、しょせんプロのタモリやビートたけしにはかなわないのですから。

84 他人の視線が煩わしくて苦痛。私は神経症？

人の視線が大変気になって困っております。

高校時代、ある授業で教師と目が合うようになって、それが気になって以来、人の視線が煩わしくなりはじめました。今では視界の中に人の顔があるだけで、気が落ち着きません。

真正面からこちらのほうに視線をむけている人に出会うと、そのおおらかさがうらやましいと同時に、無神経さに腹がたちます。

夜の電車で乗客の顔が窓に映っていても、その視線が気になることがあります。目をそらすとウソをついていると思われるような気がして、つい相手をにらむようにします。こんなことが重なって目が鋭いといわれ、今度は、そのことが気になりはじめました。


（鎌倉市　なぎさ　二三歳）

●単なる恥ずかしがりや？　つとめて明るくのびのびと

私は女優という職業柄、他人に見られることに慣れてはいますが、でも、あまりしつこく見られるのは、うれしいものではありません。見ているほうは、夢中のあまり、自分も見られていることに気がつかないものなのですね。

知らない人をジロジロ見るのは、やはり無神経、失礼な行為だと思います。でも、人と会話をするときは、やはり、ちゃんと相手の目を見て話さないと、これも失礼に当たりますす。

あなたの場合、神経症というより、単なる「恥ずかしがりや」なのではないかしら？　目が鋭いといわれても「チャランポランなやつ」だの「うわのそら子さん」などよりはずっといいではありませんか。

とにかく、もっと気を楽に持って、つとめて明るくのびのびとしてください。あまり自意識過剰になると、本当にノイローゼになってしまいますよ。

85

空想癖が強く、自分のことながら気味が悪い

すぐに空想の世界に入ってしまう癖があり、悩んでおります。たとえば、なにかしているときでも、頭の中で勝手にストーリーを作って自分を登場させ、会話をしているのです。もちろん声は出しませんが、手先の動きに気がつき、自分のことながら気味が悪くなるときがあります。

どちらかというと暇なとき、一人で家にいるときなどにおきやすいようです。読書やマラソンなどのさいも、ふと手を休めたりするとすぐに話の続きが、頭の中にポンと出てきてしまいます。子供のころから空想癖が強く、頭の中でいろいろな役を演じてきました。

短気、わがままなところもありますが、自分ではサッパリした性格と思っています。日常生活では、まあ、ふつうと思っていますが、結婚して、知らない土地へ来て、まだ友だちもできません。

（横須賀市　主婦　二四歳）

●変身願望が強い？　結婚生活の忙しさでまぎれますよ

人間には多かれ少なかれ「変身願望」があるようですが、あなたの場合はふつうの人よりちょっと強いみたい。

その理由が、「欲求不満」「そううつ病」「自閉症」「自己顕示欲」、または単なるでたがり屋、のいずれかはわかりませんが、あまり気になるようでしたら、ご主人と相談して、一度、精神科医に診てもらえば納得がいくかもしれませんね。

でも、他人に迷惑を及ぼさないかぎり、べつに悩むほどのことはないと思いますよ。

結婚生活は忙しいものです。そのうちに空想の世界のことなどポンと忘れてしまうでしょう。

86

あこがれの先輩と話をしている同級生が憎い

私は、いま中学一年生です。クラブ活動のブラスバンドにはいっています。そこに、おなじ楽器を受け持つ女の先輩（中学二年）がいまして、その先輩にあこがれるようになりました。とてもやさしくて、おもしろい人です。

最近では、その先輩が私のほかの一年生に話しかけたり、ふざけていたりするところをみると、なんというか、とてもイヤな気分になるようになりました。

別に、その先輩を、私がひとりじめしようとは思わないのです。

けれども、その先輩と話している一年生を見ると、憎らしいとさえ思うときがあります。私はわがままなのでしょうか。

どういうふうにすればよいのか、教えてください。

（港区　U子）

●嫉妬は当然。その先輩を見習ってステキな上級生に

だれでも、自分が好意を持った人とはもっと仲よくなりたい、もっと親しくしてほしい、と思うのはごく当たり前の感情ですし、ほかの人にちょっぴりやきもちが焼けるのも当たり前。あなたはわがままでもなんでもありません。

この世に、自分より優れた人、あこがれることのできる人が存在する、ということはステキなことです。

あなたの場合は、その先輩を見習うことによって、あなた自身も優しくおもしろい人に成長してゆくことができるということですもの、素晴らしいではありませんか？　一度しかない青春を有効に使ってください。

そして、あなたが二年になったら、よき先輩として後輩をかわいがってあげてください。

87
方位や鬼門、気にはしないが不幸が相次ぎ、ちょっと不気味

長年の願いがやっとかなってマイホームを建てることができました。二十数年間、夫婦でたばこをやめ、酒を控えてもらい、つめに火をともす思いで、貯金を続けてきたおかげです。

ところが、入居してからの一年間に悪いことが相次いで起こりました。高校生の長女が車にはねられて二ヵ月の重傷に、主人は肝臓を悪くし、私も右手のけんしょう炎にかかってしまいました。夫婦ともども、以前はいたって健康だったのにです。

新居を見にきてくれた叔父の話によると、台所の位置がよくない、つまり方位が悪いのだそうです。狭い土地を最大限に活用して私たちなりに便利なように、注文を出して設計してもらった結果です。

いまどき方位だとか鬼門を気にする必要がありましょうか。でも他方で不気味な気もぬぐえないのです。

（館山市　O子　四八歳）

●考え方しだい。原因は方位ではなく、おトシのせい

私たち夫婦も二五年前にいまの家を建てたとき「この玄関は昔の首切り場だったところで、人の怨念《おんねん》が埋まっている。この玄関で必ずケガをするか足を折るかするだろう」といわれました。が、いまだに玄関でつまずいたこともありません。第一、私たちのような自由業夫婦が方位や鬼門、占いなどに振り回されていては、仕事になりませんものね。

交通事故はともかくとしてご主人の肝臓、あなたのけんしょう炎（私もついこの間やったところです）は、いうなればおトシのせいで、そろそろ体にガタが来た、というところではありませんか？

方位や鬼門を気にする必要があるか、と聞かれれば、私は「ない」と答えますが、でも、こういうことはあくまで当事者の考えようですから、答えを押しつける気持ちはありません。

８８　手相の生命線が消え、すっかりめいってしまった

手相のことで悩んでおり、ご相談したいのです。私の生命線は、真ん中あたりでプッツリ消えてしまっているのです。よく見れば、薄い鎖状のすじがなくはないのですが、しっかりと手を開くと、ほとんどないのです。

元気なときは「気にしない」などといっていられました。が、最近いろいろと病気にかかり、お医者さまと縁の切れることがなくなって、以前のような気力も体力もうせました。

こうなりますと、つい目が手にいってしまい「やっぱり」と、めいった気持ちになってしまいます。手相に関する書物など恐ろしくて読む気も起こりません。

病気といっても、床に伏すほどではないのです。こんななさけない悩みを吹き飛ばすことができたら、幸せでございます。よきお知恵をお聞かせいただけますよう、お願い申しあげます。

（新宿区　主婦　三八歳）

●手相だって間違える。もっとシャッキリと

私は手相や人相、占いをみてもらうのが大好きです。私が結婚したころ、私の手相を見たどの人も「子供は二人」といいました。でも子供は一度もできませんでした。また、「中年のころに大病をする」ともいわれました。大病どころか、六〇歳の今日まで、おなかひとつこわさずにピンシャンしています。

あなたは三八歳ですからそろそろ更年期ですね。お医者さまの世話になる当然のお年ごろ。それにしても、生命線がプッツリ切れているのになぜあなたは生きているのでしょう？　もしかしたら手相のほうが間違っているんじゃないのかしら？　聞くところによると、人間の手相は変わっていくものだそうです。

とにかく奥様、手のひらをつくづく眺めている暇があったら、シャッキリと台所に立って今晩のおかずでも作ったらどうです？

89
ニックネームの「黒豚」は悔しいが、みんなの前ではニコニコと……

中学一年生の女の子です。私、「黒豚」とみんなに呼ばれています。自分で鏡をのぞいて、やはり黒豚だなあ、と思います。身長一六〇センチそこそこなのに、七五キロもあるのですから。お父さんもお母さんも、肌が黒いのだから、私が黒くても仕方がないのかも、とも思います。だから黒豚とみんなに呼ばれても、平気そうにニコニコしています。

でも、悔しいんです。一人になったら、胸の中が煮え繰り返るほど悔しいんです。悔し涙が、自然にあふれてきます。だけど、みんなの前ではなぜかニコニコしてしまう。ニコニコしているから、みんなは平気で黒豚というのかもしれません。

私は、二重人格でしょうか？　教えてください。ふたつの考えを行ったり来たりで、最近苦しくて仕方がありません。

（川崎市　G子）

●みんなの前でニコニコできるのはステキな性格

あなた知ってる？　黒豚は豚の中でもいちばんおいしくて珍重される豚なんです。トンカツでもソテーでも黒豚は最高。

まあ、それはともかくとして、あなたは豚ではなくて人間です。一六〇センチで七五キロはちとひどい。中年のオバンになると、水を飲んでも太っちゃうという人がいますが、あなたはまだ若い。食べたいだけ食べちまう、というのが油断のもとです。無理してハードな運動などせず、まかり間違ってもヤセ薬なんかのまないで、ほんのちょっぴりずつ減食してみたらどうでしょう。そう「腹八分目」というところですね。

あなたは二重人格どころか本当にステキな性格。今までどおり、みんなの前でニコニコしていてください。笑顔はあなたの宝物だと思います。

たとえニックネームであろうと、相手の肉体的短所をあげつらって笑うのは人間の行為としては下の下です。

90 顔のアザが気になって、クヨクヨとやりきれない

三六歳の主婦。一児の母で、家庭的にはまあまあ平凡で幸せなほうだと思って過ごしています。

でも、自分の顔にあるアザのことで一五歳くらいから気に病んできました。二〇歳のころノイローゼになって神経科へ通ったり、部分的に手術したりしました。厚化粧に、サングラスがないと人前に出られません。人の視線を気にしないで気楽にしゃべれたらなあ、とつくづく思います。

毎晩、鏡を見て、化粧を落としたときには、どうにかならないかなあ、とあきらめ切れない気持ちになってしまいます。気にしていたら、まわりの者に迷惑をかけることは、理屈ではすごくわかっているのですが。

割り切って、悟って、くよくよしないで、これからの人生をすごせたら、どんなによいかと思います。徹底的にあきらめるには、どうすればよいでしょうか。

（入間市　悩む女性）

●家の中では明るく。アザは化粧でカバーを

あなたのお気持ち、よくわかります。女ですものね。サングラスというと、アザのあるのは目のまわりですか？ 私にも、片方の目のまわりの青い友人がいました。私は彼女に「もう一方の目のまわりも青く塗る」ことを勧めました。そうしたらアイシャドーでお化粧したようになって、彼女はかえって美人になっちゃいました。

オリリーの「カバーマーク」を試してみましたか？ このアメリカの化粧品は、そうしたところに効果的で、お化粧をしたままで寝ても、落ちないそうです。顔にシミのある女優さんも使っています。

いくら「気にしない」といってみたところで、気になるのは当然です。でも、お願い。家庭のなかでは、くれぐれも明るい奥さん、陽気なお母さんでいてくださいね。あなたの傷みを、あなたより知ってくれているのは、あなたのだんなさまなのですから。

91 結婚をひかえて、歯ぎしりの癖を治したい

来年の春、結婚をひかえて深刻に悩んでいます。歯ぎしりの癖が治らないのです。子供のころから癖でした。そんなに気にしていなかったのですが、最近弟が冗談でテープに取ったのを聞かせてもらって、かなり激しいことがわかり、がく然としたのです。

しかも、フィアンセの彼に、このことを弟がばらしてしまったのです。彼は大笑いしたそうです。しかし、一つ屋根の下に暮らすようになれば、笑ってすましてばかりもくれまい、と思うのです。そういえば、父に「やかましくて眠れない」と怒られたことがありました。

歯医者さんに相談したところ、寝るときに専用のプラスチック板を上下の歯の間にはさむとよい、といいます。でも、そんなの、お嫁さんのすることでしょうか。先生なら、どうなさるでしょう?

（渋谷区　E子　二六歳）

●結婚ってくたびれますね。歯ぎしりの専門医に相談を

「たかが歯ぎしり」と笑いとばしたいところですが、結婚をひかえて思い悩むあなたの気持ちもわからないではありません。

私も結婚当時、夜中にバリバリとおせんべいをかむような音にビックリして飛び起きたら隣の夫の歯ぎしりで、確かにあまりステキな感じではありませんでした。

私も、イビキをかかぬよう、寝相が悪くないように、と、毎晩緊張して寝たものです。結婚って、くたびれるものですねぇ。

歯ぎしりの癖も、ある程度は自分の努力で治せるのではないでしょうか。

イビキはちょっとした手術で治るし、歯ぎしりの専門医もいると聞きます。一度相談してみたらいかがですか？

92　気やすめのつもりの占いだったが、悪い卦ばかりが気になって

実家でいろいろ悪いことが重なって、気やすめのつもりで「四柱推命判断」をしてもらったところ、母の運勢が昭和六一年から悪くなり、経済、健康、金銭すべての面で最悪で、死ぬとまでいわれショックを受けました。

心の中ではウソと思い、他人ごとなら「バカバカしい」と片づける私でも、母のこととなると、気になって仕方ありません。

人の一生が占いでわかるならこんな楽なことはない、人生そんなことで左右されるはずはない、と一生懸命思いこんではいるものの、「死ぬ」といわれたことがどうしても頭から離れず、本当に困っています。こだわりをとる方法はないものでしょうか。教えてください。このごろでは夢にまで見てうなされています。

（世田谷区　主婦　三〇歳）

●占いは転ばぬ先のツエに

私は、八卦《はっけ》、占いの類は嫌いではありません。でも、いやなことをいわれてもまったく「へっちゃら」といえばウソになるでしょう。「ことしは火事の相が……」といわれたときは電器屋さんに漏電のチェックをしてもらったし、「ご主人に大病の相が……」といわれたときは、彼の健康管理に気を遣いました。「転ばぬ先のツエ」といったところです。

親孝行なあなたのご心配はわかりますけれど、一人でオロオロ、モンモンとしていても始まりません。その分、お母さんを大切にしてあげて、あなた自身がお母さんの「転ばぬ先のツエ」になってあげたらいいと思います。

夢にまで見てうなされるなんて、あなたのほうが参ってしまいますよ。しっかりしてください。

93

夫は退職、三人の息子は独立。私には何が残ったのだろう？

五六歳になりました。妻として、母としてそれなりにがんばってきたつもりです。三人の息子たちは、それぞれに独立して家を出て行きました。夫はすでに職を退き、家にいます。

よそ目には平和に映るのかもしれませんが、私はこのところ心楽しくない日が続いています。それは、私には一体何が残ったのだろうという思いが、日ごとに強くなってくるからです。

一応、高等教育も受けましたが、家庭生活に夢中になっている間に、教育を受けたことさえ忘れ果ててしまいました。孫の顔も一時の楽しみにすぎません。主婦仲間の会合も、すぐあきがきてしまいます。こんな話をして何になるんだろうと思ってしまうのです。

生きがいという話になると思いますが、抜け殻となった身には、すべてがむなしく見えてしまいます。

（小平市　主婦）

●だれかの役に立つ人生こそ生きがいに

あなたはけっして抜け殻ではありません。

第一、あなたは三人のお子さんを立派に育てあげたではありませんか。それだけでも大いに尊敬に値します。主婦仲間との会合に不満を感じるのも、あなたが抜け殻ではない証拠だと私は思います。

自分になにが残ったか？　と考える前に、自分が自分以外の人に何をしてあげられたか、または今後何をしてあげられるか？　を考えてください。

「自分がだれかの役に立っている」「だれかが自分を必要としている」――そういう生き方こそ「生きる」ということであり、生きがいなのだと、私は思うのですが。家庭に生きがいを見つけられなくなったら、勉強のし直しもよし、ボランティアもよし、手に職をつけるのもよし、でしょう。

あなたはまだまだ若いのです。どうぞ、輝かしい日を送ってください。

人への誠実～亡き母・高峰秀子に捧ぐ

斎藤明美

そう言えば、私が初めて一人で自宅の高峰を訪ねたのも〝相談〟するためだった。

実母を亡くした数か月後、私はハワイの高峰のもとへ行くことになっていたのだが、それを当時の親友に責められた。「女優の別荘だか何だか知らないけど、あなたは自分だけが楽しければいいの？　なぜお父様と一緒にハワイへ行かないの？　今こそあなたがお母様に代わって、お父様を支えてさしあげるべきでしょう」

だが私は長年、父とうまくいっていなかった。自分と酷似している父が疎ましかったのか、経済的にも精神的にも一度も母に安心を与えることがなかった夫としての父を、許せなかったからか。その父と二人でハワイへ行くなど私には考えられないことだった。「父とは行けない」、私が言うと彼女は怒り、「もう二度とお父様のことについてあなたと話したくないわ」。

その友人は文字通りの才色兼備で、私が辛い時に力づけてくれた、大げさでなく、私にとって女神のような存在だった。

だから彼女の言葉は重かった。

私は思いきって、高峰に電話した。

「実は、ご相談があるのですが」

「結婚するの?」

即座に高峰が訊いた。

「いえ、違います」

私は笑って答えた。

「じゃ、田舎へ帰るの?」

高峰は立て続けに訊いてきた。

「いえ、他のことで……。あのぉ、高峰さんのお宅の側に、喫茶店はありませんか? 厚かましいのですが、そこへ出てきていただくことは……」

すると高峰はこともなげに言った、

「うちへ来ればいいじゃない。ちょうど松山もいないし、今からおいで」

私は松山家に行って、高峰に相談した。

「だって、その人のお父さんじゃないでしょ。あなたとの関係はあなたにしかわからない。おいで。気にしないで来ればいいの。ハワイで楽しい時間を過ごしなさい」

高峰はきっぱりと、それだけ答えた。

私は初めてハワイに行った。

生涯、忘れることのできない旅になった。

人は、相談する側とされる側に分かれる。

高峰は典型的な、相談される人間であり、恐らく、死ぬまで、彼女は人に相談したことはないだろう。

それほど、五歳の時から独りで生きてきた人だった。

本書で高峰は、九十三人の、中学生も含めた男女に相談をされている。

回答ぶりは、見事だ。

時には高峰らしからぬ迷いも口にしながら、自身の考え得る精一杯で、相手に答えている。

「四十三にもなって人の傷みもわからない自分勝手なお母さんではやはり困ります。反省してください」「あなたにとって『報われる』という定義は？」「貸したお金が円満に戻ってくる道などあったら、私のほうが教えていただきたいくらいです」「恋も結婚もまず『ほれる』ことから始まるのです」「私が嫌いなのは嘘とお世辞」……。

一般論や世間体、周囲の目ではなく、相談者本人がもっと自分自身と向き合って、後悔のない答えを出すよう、高峰は促している。

その助言を見出すために、頬杖をつき、あるいは腕組みをし、頭を抱えながら、懸命に真剣に相談ごとに取り組んでいる高峰の姿が見えるようだ。

「他人《ひと》は他人」「私は人間嫌い」、常々そう言っていた彼女が、実はどれほど他者に対して思いやりを持っていたか、人間を慈しんでいたか、一つ一つの回答には、人間・高峰秀子が持てる限りの経験と知恵と愛情と、そして厳しさが溢れている。

人に相談を受けてしまうと、受けた側には責任が生まれる。そのことを十分知っていて、高峰は覚悟を持って臨んでいる。

実は本書の存在を知っていて、私は高峰を知ってまもなく、自分が所属している週刊誌で読者からの人生相談を受けて欲しいと頼んだことがある。「うん、そりゃあ、いい」、当時の編集長も大乗り気だった。

だが断られた。

「前にやったことがあるから」

それでも私がしつこく説得していると、しまいに言った、

「断る権利はあるでしょッ」

ぐうの音も出ず、私は引き下がった。

だがそれほど、高峰は適任だった。

そして同時に、それほど高峰は、既に七十歳を過ぎた自分が担うには重すぎる責任だと

知っていた。

つまり、この九十三の高峰の回答は、彼女にとって、自身の過去と向き合わざるを得ない熾烈と、そして疲労を伴ったのだ。

思えば、高峰と知り合ってから二十年余り、私はずっと高峰に人生相談をし続けていたのかもしれない。

(私の助言が少しでも参考になれば幸い。でも決めるのは、結局自分ですよ。)

高峰の声が聞こえるようだ。

人間に対して、これほど誠実だった人を、私は知らない。

平成二十六年、梅雨入りの日
松山善三・高峰秀子養女／作家

＊本書は、青木雨彦・高峰秀子『雨彦・秀子のさわやか人生案内――悩むだけでは生きられない』（三笠書房、一九八七年一〇月刊）より、質問と高峰秀子氏の回答をまとめたものです。著者物故であることと時代状況を鑑み、表記等は底本のままとさせていただきました。

高峰秀子

（たかみね・ひでこ）

1924年生まれ。女優、エッセイスト。
五歳の時、松竹映画「母」で子役デビュー。以降、「カルメン故郷に帰る」「二十四の瞳」「浮雲」「名もなく貧しく美しく」など、300本を超える映画に出演。『わたしの渡世日記』（日本エッセイスト・クラブ賞受賞）『巴里ひとりある記』『まいまいつぶろ』『コットンが好き』『にんげん蚤の市』『瓶の中』『忍ばずの女』『いっぴきの虫』『つづりかた巴里』など著書多数。夫は脚本家で映画監督の松山善三。2009年、作家・斎藤明美を養女に。2010年死去。

高峰秀子の人生相談

二〇一五年 七 月二〇日 初版印刷
二〇一五年 七 月三〇日 初版発行

著 者――高峰秀子
発行者――小野寺優
発行所――株式会社河出書房新社
　　東京都渋谷区千駄ヶ谷二-三二-二
電 話――〇三-三四〇四-一二〇一［営業］
　　〇三-三四〇四-八六一一［編集］
　　http://www.kawade.co.jp/
組 版――株式会社キャップス
印 刷――株式会社暁印刷
製 本――小泉製本株式会社

ISBN978-4-309-02390-8
Printed in Japan

高峰秀子・瀬木慎一

あの道・この道

大女優にして名エッセイスト
であった高峰秀子は、
大の美術通でもあった。彼女が
パリで見聞きした体験談を中心に、
屈指の美術評論家と、
絵画、骨董、映画、作家の話を、
こころゆくまで語り合う。

河出書房新社